Doris Lott

Glyzinienduft und Hausmusik

Karlsruher Häuser erzählen

Lindemanns Bibliothek

Doris Lott, 1940 in Karlsruhe geboren, studierte Deutsch und Französisch und lebte zwei Jahre in Frankreich. Neben ihrer Tätigkeit als Lehrerin an einer Realschule arbeitet sie seit vielen Jahren als freie Journalistin und schrieb zahlreiche Beiträge und Feuilletons für den Rundfunk und Zeitungen. So entstand auch ihr Frankreichbuch „Mein blau-weiß-rotes Herz", dass über ihre Begegnungen mit Franzosen berichtet. Bekannt wurde sie auch als Herausgeberin von mehreren Karlsruhe-Büchern wie den beiden Bänden „Vom Glück in Karlsruhe zu leben", durch ihr Kinderbuch „Anton, der Eisbär", die „Karlsruher Brunnengeschichten" sowie durch „Hopfenduft und Butterbrezel.

*Die Geschichte eines Hauses
ist die Geschichte seiner Bewohner.
Die Geschichte seiner Bewohner
ist die Geschichte der Zeit,
in welcher sie lebten und leben.
Die Geschichte der Zeiten
ist die Geschichte der Menschheit.*

WILHELM RAABE

Inhalt

Das Glyzinienhaus in der Weinbrennerstraße.
(Zeichnung von Benno Huth)

10

Glyzinienduft und Hausmusik
Wie Familie Knorre Traditionen bewahrt

Ganz früh im Jahr fangen sie an zu blühen und verwandeln die Jugendstilfassade des Hauses Nr. 42 in der Weinbrennerstraße in hängende Gärten aus blühenden Glyziniendolden, die sich vom Erdgeschoss über die Beletage bis hinauf unters Dach ranken. Dann ist für Elisabeth Knorre der Augenblick gekommen, wo sie sich mit ihrer Lieblingslektüre für ein paar Stunden von ihrer Alltagswelt verabschiedet.

Mitten hinein setzt sie sich in das duftende Blütenmeer auf ihrem sonnenüberfluteten Balkon im ersten Obergeschoss. Sie schaltet ihr Handy ab, überhört das Läuten des Telefons und das Klingeln an der blauen Jugendstilhaustür.

Wenn die Glyzinien blühen, beginnt im Hause Knorre der Frühling. Das sind die wenigen Stunden im Jahr, in denen Elisabeth Knorre, die immer für andere da ist, sich ganz alleine gehört. „Dieser Duft", sagt sie „und diese Blütenpracht." Von den ehemals vier Häusern mit Glyzinienbewuchs in der Nachbarschaft gibt es nur noch dieses eine Haus, wo in jedem Frühling das blaue Wunder zum Erblühen kommt.

Im Vorgarten in der Weinbrennerstraße Nr. 42 duften Rosen und Lavendelsträucher und hinter den Jugendstilfenstern mit den Rundbogen aus dem Jahr 1906 verbirgt sich eine längst versunken geglaubte Welt mit kostbaren Jugendstil-Fayencen aus der Karlsruher Majolika, Gründerzeitmöbeln und Gemälden des Hans-Thoma-Schülers Arthur Riedel. Jedes Möbelstück erzählt eine Geschichte. Die alte Kaminuhr zum

Beispiel, die der Hausherr fein säuberlich zerlegt auf dem Dachboden fand und die ihn fast das Leben gekostet hätte, gehört dazu.

Joachim Knorre schmunzelt: „Neben der Uhr lag so ein flaschenartiges Gebilde, das ich achtlos mit dem Fuß zur Seite schob und das sich als nicht entschärfte Granate aus dem Zweiten Weltkrieg entpuppte." Irgendwo in einer Ecke des Speichers entdeckte der Hausherr, der 1982 mit seiner Familie in das Haus einzog, ein zerschlissenes Sofa, vier Stühle und zwei dazu passende Sessel. Verstaubte alte Möbel, in einem so desolaten Zustand, dass sie in einem „normalen Haushalt" längst auf dem Sperrmüll gelandet wären. Ein hoffnungsloser Fall selbst für einen erfahrenen Polsterer und außerdem unbezahlbar.

Nicht so für die findigen Knorres, die einen pensionierten Theaterpolsterer ausfindig machten, der sich gleich an Ort und Stelle auf dem Dachboden eine Werkstatt einrichtete und das alte Sitzmöbel zu neuer Pracht und Herrlichkeit aufmöbelte. Heute ziert es den Musiksalon der Knorres und ist bei Hauskonzerten die beliebteste Sitzecke.

Das gastfreundliche, immer offene Haus ist ein Treffpunkt für Musikfreunde und Künstler, aber auch für Menschen, die Geborgenheit, Herzenswärme und praktische Hilfe suchen. „Ein Haus aus lauter Liebe und der Ort in Karlsruhe mit der wohl ältesten Hausmusiktradition", sagt ein Gast. Seit über 85 Jahren gibt es hier in der Weinbrennerstraße 42 die legendären Hausmusikabende.

Joachim Knorre lernte während seiner Studienzeit an der pädagogischen Hochschule die Stimmbildnerin Anne-Lise Haarbeck kennen, die seine Ausbildung übernahm und vierzig Jahre lang sangen Elisabeth und Joachim gemeinsam unter der Leitung von Kirchenmusikdirektor Professor Haarbeck im Chor der Christuskirche.

Es ist als ob Frau Musica persönlich die Patenschaft über das Glyzinienhaus übernommen und dafür gesorgt hat, dass Musik und Gesang in diesem Hause nie verstummen.

„Oh, is it a museum?", fragte einmal mit erstaunten Augen ein Austauschschüler aus Namibia, als er zum ersten Mal die Wohnung betrat. Von Museum kann keine Rede sein, in einem so gastfreundlichen Haus, in dem man das Gefühl hat, dass die Zeit stehen geblieben ist. Ein Hauch von Biedermeier und Gründerzeit, Beethoven, Wagner und Schumann weht durch die Räume mit den Musikerbüsten, dem kostbaren Steinway-Flügel und den Spitzendecken auf dem runden Tischchen in der Fensternische mit dem hölzernen Podest aus Großmutters Zeiten. Hier trinkt der Gast seinen Kaffee aus ungarischen Porzellantassen, denn Elisabeth Knorres Wurzeln sind in Ungarn, der Heimat ihrer Eltern.

Schon Joachim Knorres Mutter Irmgard, geborene Breger, kam als Kind in dieses Haus und musizierte gemeinsam mit anderen Schülerinnen des Munz'schen Konservatoriums bei den Vorspielnachmittagen der Klavierlehrerin Irma Jüngert. Wo heute der Steinway-Flügel steht und seit 20 Jahren die Liederabende mit Joachim Knorre, Tenor, und Pfarrer Reinhard Buschbeck am Flügel stattfinden, wurde schon Knorres Mutter unterrichtet. Jahrzehnte später erhielt an der gleichen Stelle auch der neunjährige Joachim seinen ersten Unterricht von der erfahrenen Klavierpädagogin.

Tradition wird großgeschrieben im Hause Knorre. Zur Geschichte des Hauses gehört auch die „graue Eminenz" Christa Reischig. Von 1961 bis zu ihrem Tod 2013 lebte sie im zweiten Obergeschoss des Hauses. Die vier Knorre-Kinder liebten ihre „Adoptiv-Oma", die nach dem Tod ihres Mannes mit offenen Armen in die Familie aufgenommen wurde. Eine Frau mit Charakter und Prinzipien, die auch die Kinder verehrten.

Im Musiksalon von Elisabeth und Joachim Knorre.

Sie war die disziplinierte „Preußin" im Haus, bei der alle Fäden zusammenliefen, die Gott und die Welt kannte und Menschen zusammenführte, und deren Mann dafür sorgte, dass die Hausmusikabende plötzlich auch zu einem „kulinarischen Event" wurden. „Ihr sorgt für die Musik, ich sorge für das Buffet und die Moselweine", pflegte Herr Reischig zu sagen. „Nur so kann ich eure musikalischen Abende ertragen." – Heute bewirtet Elisabeth Knorre nach einem Hausmusikabend 20 Gäste an der stilvoll gedeckten Tafel. Köstliche Gerichte in gut badischer Tradition mit Meerrettich und Tafelspitz oder mit Sauerkraut und Schäufele und den sorgfältig darauf abgestimmten Weinen aus der Region.

„Meine Klavierlehrerin Irma Jüngert war eine ausgezeichnete Pädagogin, die bei aller Konsequenz die Freude ihrer Schüler an der Musik gefördert hat", erinnert sich der Hausherr. Ihre letzten Jahre verbrachte Irma Jüngert im nahegelegenen Berckholtzstift, behielt aber immer noch ihre Wohnung in der Weinbrennerstraße und veranstaltete dort ihre Kammermusiknachmittage. Eines Tages, ich hatte sie gerade mit dem Rollstuhl in den dritten Stock gebracht, sagte sie: „Machen wir uns nichts vor, Joachim, ich kann nie mehr ganz in meine alte Wohnung zurück. Wollt ihr nicht bei mir einziehen?" So kam es, dass Joachim und Elisabeth Knorre in die Wohnung der Irma Jüngert einzogen. „Eine Wohnung, zwei Erwachsene, zwei Kinder, zwei Flügel und zwei Klaviere", lacht Joachim Knorre. „Unser Steinway-Flügel und der Blüthner von Frau Jüngert."

Fortuna und Frau Musica hatten beschlossen, dass dies wohl die beste Lösung sei, um die künstlerische Tradition im musenfreundlichen Haus fortzuführen. Dem Wohlwollen der Musen ist es wohl auch zu verdanken, dass alle vier Knorre-Kinder die Musik lieben: Tochter Dorothea, die Literatur und Musikwissenschaft studiert, spielt Klavier und Sohn Max ist in seiner Freizeit Barpianist und mit seiner Jazzband auch schon im SWR3-Fernsehen bei der Sendung „Kaffee oder Tee" aufgetreten. Ein leidenschaftlicher Musiker, der schon als Schüler Bundespreisträger bei „Jugend musiziert" in der Kategorie Orgel in Berlin war. Der Sohn Matthias, der ebenfalls Klavierunterricht bei Bertholt Fritz erhielt, hat seinen Schwerpunkt auf die Computertätigkeit verlegt. Auch sein Bruder Gunther, der heute als Klavierbauer arbeitet, hat 14 Jahre lang auf einer alten böhmischen Meistergeige Violine gespielt und mit seiner Ehefrau Sigrun Maria Bornträger eine Mezzosopranistin, ausgebildet an der Musikhochschule Karlsruhe, in die Familie gebracht.

Ein Ittersbacher Stuckateur, der von den Knorres um Rat bei der Restauration der alten Stuckdecke im Musiksalon gefragt wurde, sagte: „Das ist ja eine wunderschöne Deckene". Elisabeth Knorre wurde hellhörig: „Deckene?", sagt sie. „Sie sind nicht aus Karlsruhe". Der Stuckateur schüttelte den Kopf. Aus einem kleinen Ort in der Nähe von Budapest stamme er, den keiner hier kenne.

„Wir kamen gleich ins Geschäft", sagt lachend Elisabeth Knorre. „Es war genau der Ort in Ungarn, wo auch meine Eltern herstammen." Und, o Wunder, unter der alten, jahrelang mit mehreren Farbschichten übermalten Stuckdecke verbarg sich ein farbiges Jugendstiljuwel mit Früchten und Girlanden. Ganz nebenbei ließ sich der Hausherr noch in die Kunst der alten Tempera-Malerei einführen, weil die Arbeit des Stuckateurs sonst unbezahlbar gewesen wäre. „Geht nicht ohne Gerüst und eine halbe Schachtel Schmerztabletten", schmunzelt er augenzwinkernd. Und wie geht es weiter mit dem schönen, alten Jugendstilhaus? Joachim Knorre strahlt übers ganze Gesicht. „Wenn ich demnächst in Ruhestand gehe, renoviere ich den Hausflur. Da gibt es noch viel unter der alten Ölfarbschicht zu entdecken."

Himmlische Düfte

Das Café Schwarz

Es gibt Häuser, die eine Karlsruher Institution waren. Sie sind verschwunden und dennoch kennen Generationen von Karlsruhern immer noch ihren Namen. Manche dieser alten Karlsruher Häuser wurden im Krieg zerstört, nicht wenige wurden aber auch das Opfer einer Abrissbirne.

Auch die Häuser am Karlstor, Ecke Karl- und Kriegsstraße, nur einen Katzensprung vom Bundesgerichtshof entfernt, gehören dazu. Manche dieser noblen Bauwerke aus der Gründerzeit erinnerten an kleine Loire-Schlösser. Karlsruhes bekannteste Konditorei, das Café Schwarz in der Karlstraße Nr. 49 a mit seiner prächtigen Fassade das den Krieg überlebt hatte, wurde in den 70iger Jahren abgerissen. Zwei ehemalige Bewohnerinnen, Trudy Seiler geb. Schwarz und Barbara Harthill geb. Villringer, erzählten mir von ihrem Leben in diesem Haus. Ich selbst drückte mir als Kind am Schaufenster der Konditorei Schwarz die Nase platt und fühlte mich reich beschenkt, wenn mir Großvater ein Eis spendierte. Ein Stück Schwarzwälder Kirschtorte aus dem Café Schwarz war für so manche Karlsruher der ausgehungerten Kriegsgeneration der Inbegriff von Hochgenuss.

Das Café Schwarz war aber schon zu Großherzogs Zeiten eine feine Adresse. Der Großvater der kleinen Trudy Schwarz stellte in seinem Laden die Urkunde eines königlichen Hoflieferanten mit Namen Otto Schwarz aus. Die Urkunde hat Trudy für ihre Kinder- und Enkelkinder aufbewahrt. Schwarz

Das Café Schwarz vor seinem Abriss

auf weiß steht da, dass das „Großherzogliche Badische Ober-
hofmarschallamt" dieses Dokument im Namen seiner Königlichen Hoheit ausgefertigt hat. Der Großherzog habe gnädigst
geruht, dem Konditor Otto Schwarz in Karlsruhe das Prädi-
kat „Hoflieferant" zu verleihen, und zwar am 6. Dezember
1910. „Unser Eis war ein Traum", erinnert sich Trudy Seiler,
„und die Pralinen auch." Die Eltern der kleinen Trudy waren
richtige Geschäftsleute, die Tag und Nacht im Laden standen
und keine Zeit für die Erziehung der Kinder hatten. So wurde
das Kindermädchen Emmy mit dem weißen Häubchen engagiert, das Trudy und ihren Bruder betreute. Die Mutter stand
unterdessen in der Konditorei, wo sie die knallgrünen heiß-
begehrten Laubfrösche aus Biskuit mit dem rosa Zuckerguss-
maul und der roten Zunge verkaufte. Sahne- und Buttercreme-
torte, davon konnten die ausgehungerten Karlsruher ohne
Rücksicht auf Kalorien nach dem Krieg nicht genug bekommen. Im letzten Kriegsjahr hatte Großvater Schwarz die Konditorei schließen müssen. 1948 kam der Sohn aus russischer
Gefangenschaft aus der Nähe von Krasnodar zurück und krempelte die Ärmel hoch. Das erste Gebäck gab es gegen Brot-
marken, und die Besitzer gingen daran, das Geschäft zu mo-
dernisieren. Von da an ging es nur noch aufwärts und das alte,
unvergessene Café Schwarz erlangte neuen Ruhm. Marmortischchen und neue Stühle wurden angeschafft, und in den
Pausen kamen Lehrer und Schüler aus der benachbarten Goe-
the-, Fichte- oder Gartenschule.

„Das Café war der Nabel der Welt für meine Eltern. Nie
haben sie Urlaub gemacht. Sie hatten keine Zeit für uns und
sahen uns erst beim Gutenachtkuss. Ich war ein wahnsinnig
behütetes Kind", sagt Trudy Seiler rückblickend.

Als junges Mädchen war die hübsche, sportliche Trudy in
Rappenwört einem Goetheschüler aufgefallen, der sich heftig
in sie verliebte und nicht mehr locker ließ, bis er sein Ziel erreicht hatte. „Ich durfte nie mit ihm ausgehen und er durfte

Das Team des legendären Café Schwarz

nicht in unser Haus kommen. 1955 haben wir uns dann verlobt." Der junge Mann hieß Gerhard Seiler und war zunächst erfolgreicher Hafendirektor, bevor ihn die Karlsruher zu ihrem Oberbürgermeister wählten, der heute noch populär ist.

Trudy hatte alle Mühe, ihren Papa, den Herrn Konditormeister Schwarz, davon zu überzeugen, dass der schüchterne junge Mann ihr Auserwählter war. „Wir mussten uns immer heimlich treffen."

Vielleicht war das genau zu der Zeit, als mir gegenüber im alten Vincentius-Krankenhaus die Mandeln entfernt wurden. Es gab nur einen Trost, der die Schmerzen lindern konnte: riesige Eisportionen aus dem Café Schwarz, die meine Mutter jeden Nachmittag ihrer elfjährigen Tochter ins Krankenhaus mitbrachte.

Als ich im Frühjahr 1971 von meiner Kollegin Gustel Villringer in das Haus in der Karlstraße eingeladen wurde, lernte ich ihre Tochter Barbara kennen, die mit ihrer Tochter Julie auf Besuch war. Wir beide waren uns auf Anhieb sympathisch. Unsere Babys, Sibylle und Julie, waren damals knapp ein Jahr alt, und obwohl Bärbel über 35 Jahre mit ihrem Mann in Denver gelebt hatte, wo sie an der University of Denver Englisch und Deutsch unterrichtet hatte, schlug unsere Freundschaft über die Jahre immer tiefere Wurzeln.

Bärbels Vater war der bekannte Max Villringer, mein späterer Chef an der Leopoldschule, wo ich ein kurzes Gastspiel gab. Was uns verband war die Liebe zu Frankreich, und er war zusammen mit Professor Fritz Bentmann Pionier auf dem Gebiet der deutsch-französischen Freundschaft. Als einer der ersten hatte er den deutsch-französischen Schüleraustausch organisiert, suchte entsprechende Gastfamilien für die Kinder aus Frankreich, organisierte Sprachkurse und Ferienprogramme. „Das Jahr über, aber vor allem auch die ersten drei Wochen der Sommerferien, war die ganze Familie damit beschäftigt, diesen Austausch zu organisieren", erinnert sich Bärbel. „Freundschaften fürs Leben wurden geknüpft." Aber auch Gusta Villringer war in Karlsruhe bekannt. Sie war eine der ersten Lehrerinnen an der nach dem Krieg neueröffneten Volkshochschule. Sie übersetzte Kinderbücher aus dem Englischen ins Deutsche, später dann auch Sachbücher. Wenn sie nicht ihren Kochkünsten nachging, fand man sie entweder lesend oder aber an der klappernden Schreibmaschine, an der sie auch schon ab 1966 ihre von vielen Menschen bewunderten Rundbriefe schrieb.

Bärbel verbrachte ihre Kindheit und Jugend bis zum Abitur in der Karlstraße 49a. Sie gerät ins Schwärmen, wenn sie von den 19 Jahren erzählt, die sie dort gelebt hat, in vierter Generation, denn schon der Großvater Sturm zog mit seiner frisch angetrauten Liesel Sturm 1919 in das herrschaftliche Haus, in die Wohnung direkt über der Beletage, wo die Eigentümer der Konditorei Schwarz lebten. Eugen Sturm war Lehrer und später Rektor an der Hans-Thoma-Schule.

Das Brautpaar Trudi und Gerhard Seiler, 1957

Aus Briefen und Tagebüchern, vor allem aber aus immer wieder aufs Neue erzählten Geschichten der Großmutter und Mutter, weiß Bärbel vieles über diese Zeit: über die fast täglichen Angriffe auf die Innenstadt, über den berühmt berüchtigten „Bombenkarle", ein Tiefflieger, der regelmäßig die Karlstraße auf und ab flog und die Bevölkerung in Angst und Schrecken versetzte … Die meisten Bewohner waren aus Karlsruhe weg, entweder als Soldaten im Krieg oder aber evakuiert. Zurück blieben Herr und Frau Schwarz, senior, und der junge Walter Schwarz, dazu Bärbels Großeltern mit dem Sohn Alfred. Alfred und Walter waren gut befreundet, und die Familien Schwarz und Sturm kamen sich in dieser schweren Zeit, vor allem auch im Luftschutzkeller persönlich näher. Man verbrachte viel gemeinsame Zeit im Luftschutzkeller und man teilte, was man teilen konnte. Als Herr Schwarz wegen Mangels an Mehl und Zucker die Konditorei schließen musste, teilte er noch vorhandene Vorräte mit den Sturms. Als die Marokkaner kamen und das Haus besetzten, zog man gemeinsam in das gegenüberliegende Vincentius-Krankenhaus. Bärbel erinnert sich:

„Viel erzählt bekam ich auch von der großen Hungersnot nach dem Krieg und von der unerträglichen Kälte; heute unvorstellbar, hatte ich als kleines Kind von zweieinhalb Jahren Frostbeulen an Händen und Füßen, da die Räume nicht mehr beheizt werden konnten. Die Familie lebte und schlief in der Küche, da es in den anderen Räumen zu kalt war. Die Küche war der Mittelpunkt der Großfamilie. Hier wurde nicht nur gekocht und gebacken, um den Küchentisch herum versammelte man sich und diskutierte, schmiedete Pläne, beriet Anschaffungen, machten wir Kinder Hausaufgaben, wurden wir von einem der vier Lehrer in der Familie abgehört, belehrt, verbessert und getriezt. Mutter kochte für meinen Vater, der aus französischer Gefangenschaft gekommen war nach Art der feinen französischen Küche. Großmutter aber bestand auf

Zwei ehemalige Bewohnerinnen: Barbara Harthill-Villringer und Trudi Seiler, geb. Schwarz

ihrer Mehlschwitzsoße. Da flogen schon mal die Fetzen. Noch heute erinnere ich mich an das Bilderbuch, mit dem Vater nach der Gefangenschaft bei seiner Rückkehr mein Kinderherz eroberte. ‚Le Noel de Bibiche' mit seinen herrlichen Illustrationen; auch den Ring, den er mir an den Finger steckte, habe ich heute noch."

Bärbel und ihr Bruder Uli waren nach dem Krieg die einzigen Kinder im Haus, aber gelangweilt haben sie sich nie in ihrer riesigen Wohnung, wo im endlos langen Flur eine Schaukel hing und wo man herrlich Rollschuhlaufen konnte. Im Erdgeschoss war ja die Konditorei Schwarz mit den herrlichsten Kuchen und selbsthergestellten Pralinen, und vor allem im Sommer, das einzigartige Eis. Immer wieder kam es vor, dass Frau Schwarz, senior, den Kindern, wenn sie brav gewesen waren, eine Kugel Eis spendierte. Wenn man Glück hatte, waren im Sommer zudem die Türen zu der Konditoreiwerkstatt geöffnet und man konnte zusehen, wie die Pralinen in Handarbeit hergestellt und dann mit einem Schokoladenguss überzogen wurden. Es duftete nach Mandeln, Marzipan und Schokolade, aber auch nach exotischen Gewürzen. Schon wenn man unten durch die Haustür ging, strömte einem dieser einzigartige Duft entgegen und das Wasser lief einem im Munde zusammen.

Abenteuer gab es genug in dem Haus: Da war der große Speicher mit all seinen Schätzen. Um da hinauf zu gelangen, musste man im Treppenhaus auch über das große Brandloch aus dem Zweiten Weltkrieg klettern, das notdürftig mit Karton gesichert war. Wenn wir genug hatten vom Stöbern in den alten Kisten und Schränken, rutschten wir in Windeseile das Treppengeländer hinunter; das war natürlich streng verboten, da äußerst gefährlich, aber gerade darum machte es ja auch so viel Spaß. Die Wohnung selbst war groß genug, dass wir Versteckerles spielen konnten, Schaukeln auf der Schaukel im Mittelgang – und Rollschuh fahren.

Der Balkon nach hinten in den Hof hinaus war groß und war im Sommer unser Freibad. In einem großen Zuber konnten wir (wie schon unsere Mutter als Kind und meine Tochter Julie später) plantschen, konnten dem Leierkastenmann zuhören und Münzen hinunterwerfen. Wir konnten beobachten, wie die Kirschen an dem Kirschbaum hinter dem Haus reiften und so lange betteln, bis Opa oder Onkel uns welche ergatterten. Vom hinteren Balkon konnten wir auch in den Schulhof der Gartenschule schauen und dem Schreien und Toben der Kinder zuhören und -sehen. Als wir selber alt genug waren, konnten wir auf dem Balkon warten auf das erste Klingeln und dann losrennen und noch rechtzeitig zu Unterrichtsbeginn in unseren Bänken sitzen. Von demselben Balkon, in die andere Richtung, hatte man eine gute Aussicht auf den Bundesgerichtshof. Das war für uns Kinder von besonderem Interesse im Winter, denn auf dem Hügel, auf dem das Gebäude stand, konnte man rodeln. Sobald es genug Schnee gab, rannten die Kinder der Nachbarschaft alle mit ihren Schlitten hinüber und tobten sich aus.

Aber auch eine traurige Erinnerung habe ich an diesen Balkon. Mein Großvater hatte 1948 von Eltern einer seiner Schüler einen Stallhasen geschenkt bekommen. Der lebte in seinem Käfig hinten auf dem Balkon, ich durfte ihn füttern und mit ihm spielen und schmusen. Es kam, wie es kommen musste, der Hunger hatte schon lange Einkehr gehalten und der Hase musste geopfert werden. Es war unfassbar für mich und ich war untröstlich.

Der vordere Balkon, auf die Karlstraße hinaus, hatte andere Reize. Von ihm blickte man direkt auf die Straßenbahnhaltestelle und auf die große Verkehrskreuzung der Karl- und Kriegsstraße. Ein Polizist regelte dort tagsüber den Verkehr. Aber abends und nachts krachte es leider immer wieder an dieser gefährlichen Ecke, und da war es ein Gutes, dass direkt gegenüber das Vincentius-Krankenhaus war.

Vom vorderen Balkon aus konnte man am Fastnachtsdienstag auch dem Fastnachtsumzug zuschauen, der direkt am Haus vorbeizog. Unser Balkon war an diesem Tag auch bei Freunden und Bekannten beliebt, und es grenzt an ein Wunder, dass der Balkon nicht unter dem Gewicht der vielen Schaulustigen abbrach.

Dass schon in den frühen Fünfzigerjahren immer wieder ausländischer Besuch bei uns wohnte, war äußerst ungewöhnlich; 1953 waren es zwei Engländerinnen aus Cambridge. Sie hatten meiner Mutter während der ersten Nachkriegsjahre immer wieder Care-Pakete mit Kleidung und Lebensmitteln geschickt. Ab 1954 waren dann regelmäßig französische Austauschschüler bei uns zu Gast, denn mein Vater, Max Villringer, hatte zusammen mit Professor Bentmann und anderen Karlsruhern den ersten Schüleraustausch mit Frankreich ins Leben gerufen. Auch ganz unterschiedliche Künstler kamen ins Haus, was den braven Nachbarn reichlich Gesprächsstoff lieferte.

An ihre Schulzeit im Fichte-Gymnasium denkt Bärbel nur mit gemischten Gefühlen zurück, und so kam es, dass sie gleich nach dem Abitur das Flugzeug in die USA nahm, wo sie später, zum großen Erstaunen der Eltern, nicht nur ein erfolgreiches Studium absolvierte, sondern sogar eine Laufbahn als Akademikerin an der University of Denver einschlug.

Zwar kamen sie und ihre Kinder Julie und Andy immer mal wieder auf Kurzbesuch in die Karlstraße 49 a, aber im April 1974 zogen die Eltern dann an den Kolpingplatz, da inzwischen bekannt war, dass das Haus Karlstraße 49 a abgerissen werden musste, damit die Karlstraße am Karlstor erweitert werden konnte. Den Abriss ihres geliebten Elternhauses konnte Bärbel Harthill, die heute wieder mit ihrem Mann Norman in Beiertheim lebt, nur schwer verkraften. Das moderne Haus, das jetzt an dieser Stelle steht, hat zwar immer noch die Nummer 49 a, aber ansonsten hat es mit dem schönen alten Gebäude keinerlei Ähnlichkeit und die Erinnerung an das alte Elternhaus schmerzt auch heute noch.

Eine Augenweide: die Hausfassade Sophienstraße 122/124

„Wertes Fräulein,
Ihr Großvater war ein Heiliger"

Die schönen Schiller-Mädchen

Wenn ich an dem Haus Sophienstraße 124 vorbei gehe, fällt mir meine Schwiegermutter und die Geschichte ihrer Familie ein, die sich hier hinter der schönen Jugendstilfassade abgespielt hat.

Meine Schwiegermutter, Cläre Weick-Schneider, geb. Schiller, wurde in diesem Haus als erste Tochter des Arztes Dr. Arnold Schiller geboren. Sechs Jahre danach kam ihre Schwester Renate zur Welt.

Beide Mädchen waren von fast exotischer Schönheit und zogen die Verehrer an wie die Motten das Licht. Die Karlsruher nannten sie nur die „rassigen Schiller-Mädchen".

Der Arzt Dr. Arnold Schiller war der Großvater meines Ehemannes Gerd und seines Zwillingsbruders Rolf, die beiden Söhne seiner Tochter Cläre. Renate, die Schwester meiner Schwiegermutter, hatte eine Tochter namens Christa. Sie ist meine Lieblingskusine.

Öfters sprechen Christa und ich über ihren außergewöhnlichen Großvater, Arnold Schiller. Meine Kusine und ich haben Briefe, Fotos und andere Dokumente aufbewahrt. Was mich vor allem beeindruckt, ist Christas Erzählung der romantischen Liebesgeschichte ihrer Großeltern.

Im Jahr 1900 befand sich Dr. Arnold Schiller als junger Mann zusammen mit einem Freund in Lausanne in Urlaub. Bei einem Spaziergang auf der Promenade begegneten die beiden Freunde der Familie Eitel mit ihren vier Töchtern, dem

Sohn Ludwig und dem ehemaligen Kindermädchen. Dr. Arnold Schiller stieß seinen Freund an und fragte: „Hast du die gesehen, die kleine Zierliche? Die wird meine Frau." Worauf der Freund ihn fragte: „Ja, kennst du die Dame denn?" „Nein, aber sie und keine andere wird meine Frau." Der Freund hielt das zunächst für einen Scherz.

Arnold Schiller fand heraus, in welchem Hotel die Familie untergebracht war und erkundigte sich an der Rezeption nach dem Namen und der Herkunft dieser Gäste. Man bedaure, doch man sei nicht befugt, Auskunft über Gäste zu erteilen. Und im Übrigen würden die Herrschaften bereits am nächsten Tag abreisen. Auch die Antwort auf die Frage, ob die Herrschaften per Schiff oder mit der Bahn reisen würden, wurde mit der gleichen Höflichkeit verweigert.

Wie ernst es gemeint war, erfuhr nun der Freund, als Arnold Schiller den Beschluss fasste, ebenfalls abzureisen und ihn bat, mit der Bahn zu fahren. Er besorgte ihm sogar die Fahrkarte. Der Freund willigte ein. Er selbst begab sich auf das Schiff. Dort war das Glück mit ihm, die Familie befand sich tatsächlich auf dem Schiff. Gezielt machte er sich bei einer Deckpromenade an die ältere Begleitung der jungen Dame heran und erfuhr, dass sie bereits als Kindermädchen zu der Familie Eitel gekommen war .

Angetan von seiner Höflichkeit und guten Manieren ermöglichte sie ihm den Kontakt mit der jungen Dame, Emma Eitel. Emma fand ebenfalls Gefallen an dem jungen Mann. Und wie sie ihm erst viel später gestand, hätte sie sich bei dieser Schiffsfahrt auch in ihn verliebt. Adressen wurden über Emmas Begleitung ausgetauscht. Es stellte sich heraus, dass Emma und ihre Schwestern ein Abonnement für das Karlsruher Theater hatten.

Dr. Arnold Schiller war damals Arzt in Leipzig. Innerhalb von vier Wochen schaffte er den Wechsel an die Universitätsklinik in Heidelberg, um näher an Karlsruhe zu sein. Damals war es eine halbe Weltreise von Heidelberg nach Karlsruhe. Es gelang ihm dennoch, im Theater einen Platz in der Nähe seines Schwarms zu ergattern.

Aber bald schon stellt sich heraus, dass noch weitere Hürden genommen werden mussten, um Emma zu erobern. Emma war bereits verlobt mit einem Jurastudenten, eine Verbindung, die ihre Eltern eingefädelt hatten.

Besagter Student war Mitglied einer schlagenden Verbindung. Als Emma in Begleitung ihrer Mutter ihren Verlobten besuchte, entdeckte sie in seinem Zimmer an einer Wand ein abgeschlagenes Stück Kopfhaut mit einem Haarbüschel. Sie war entsetzt. Die „Trophäe" löste bei ihr heftige Abscheu aus.

Daheim erklärte sie ihren Eltern, dass sie diesen Menschen niemals heiraten würde. Das löste einen Skandal aus und es dauerte eine Weile, bis die Aufregung sich wieder gelegt hatte.

Inzwischen war es Arnold Schiller gelungen, durch kluges Taktieren auch den Eltern offiziell vorgestellt zu werden. Emmas Vater wäre der Jurist als Schwiegersohn wohl lieber gewesen, und so verhielt er sich anfangs gegenüber dem neuen „Heiratskandidaten" seiner Tochter ziemlich reserviert. Arnold Schiller aber setzte seine Werbung um Emma hartnäckig fort und bat den Vater um Emmas Hand.

Als die Rede auf die Mitgift kam, unterbrach ihn der junge Mann: „Verzeihen Sie Herr Eitel, daran bin ich nicht interessiert, mich interessiert nur ihre Tochter." Vater Eitel war beeindruckt. Als Kaufmann war er gewohnt, dass materielle Dinge immer eine wichtige Rolle spielten. Das Verhalten des jungen Mannes imponierte ihm so, dass er spontan einwilligte.

Eigentlich hatte sich Arnold Schiller auf eine heftige Auseinandersetzung eingestellt, aber das verschlug ihm die Sprache.

Anfang 1903 heirateten die beiden und es wurde eine glückliche Ehe. Niemand ahnte, auf welch harte Bewährungsprobe

Die schönen Schiller-Mädchen, Cläre und Renate,
die Karlsruher Männern den Kopf verdrehten.

das junge Paar durch den Ersten Weltkrieg zusteuerte. Arnold wurde eingezogen.

Eine Urkunde aus dem Jahr 1916 bezeugt: Seine königliche Hohheit, der Großherzog von Baden fühlt sich darin gnädigst bewogen, dem praktischen Arzt Dr. Arnold Schiller in Karlsruhe das Kriegsverdienstkreuz zu verleihen.

Die Beharrlichkeit, Zielstrebigkeit und Konsequenz, mit der er seine Braut geworben hatte, legte er auch an den Tag, wenn es sich um die Erziehung seiner Töchter handelte. Diese Eigenschaften waren, neben seinem Einfühlungsvermögen, seiner liebevollen Anteilnahme, seinem Verständnis für seine Mitmenschen in allen möglichen Situationen bezeichnend für ihn. Emma verließ sich auf ihren Mann, wenn in der Erziehung größere Probleme zu bewältigen waren.

In einem Brief vom August 1921, den er an seine älteste Tochter adressiert, rügte er ihr Benehmen gegenüber den Nachbarn:

„Liebes Clärle, zu meinem nicht geringen Entsetzen erhielt ich heute ein Schreiben vom Notar Schäfer, indem er sich in höflicher, aber sehr entschiedener Weise über Dein Benehmen gegen ihn und seiner Frau beklagt. Vom Grüßen Deinerseits sei gar keine Rede und wenn Du ihnen im Haus begegnetest mit Deiner Freundin, Adel von Haldenwang, so hättest Du hämisch und spöttisch hinter ihnen drein gelacht, auch dumme und dreiste Bemerkungen würden gemacht.

Setze Dich und uns nicht der Kritik aus, dass Dein Benehmen eines jungen gebildeten und wohlerzogenen Mädchens gegenüber älteren Leute unwürdig sei."

Eindringlich ermahnt er sie: „Ich verlange von Dir in allem väterlichen Ernst, dass Du Dich gegen Notars korrekt benimmst, dass Du Leute, die Dir nichts zu Leide getan haben, deren Gastfreundschaft Du sogar genossen hast, in keiner Weise beleidigst. Ich erwarte zuversichtlich von Dir eine strenge und rückhaltlose Durchführung meines väterlichen Befehls."

Großvater Schiller legte sehr viel Wert auf eine gute Ausbildung für seine Töchter. Nach ihrem Abschluss an der Schule absolvierte Cläre aus eigenem Antrieb eine Ausbildung am Badischen Konservatorium für Gesangspädagogik. Ihre Stimme war bemerkenswert und eigentlich bühnenreif. Als junge Frau schuf sie sich später mit Hauskonzerten ihren eigenen privaten Zuhörerkreis, dem sie mit Begleitung Lieder von Schubert, Hugo Wolf, Richard Strauss zu Gehör brachte. Die Zeit des heraufkommenden Nationalsozialismus ließ ihr als Halbjüdin kaum andere Möglichkeiten. Neben dieser Ausbildung bestand Arnold Schiller darauf, dass sie bei einer Bank eine Lehre machte. Auch in späteren Briefen musste der besorgte Vater seine Tochter Cläre wiederholt zur Räson bringen.

Cläre ist im heiratsfähigen Alter und sollte bei ihrer Mutter Kenntnisse in der Haushaltsführung erwerben. Zwischen Mutter und Tochter kommt es wiederholt zu Spannungen und so beschließt man, Cläre in die französische Schweiz zu schicken, wo sie Erfahrungen im Haushaltswesen erwerben soll.

Aber Cläre hat schon bald die Nase voll vom „schlechten Essen" und dem „übertriebenen Hausputz". Sie will unbedingt zurück nach Karlsruhe zu dem Mann, in den sie sich verliebt hat.

In einem Brief an die Eltern gibt sie vor, dass sie Heimweh nach dem Elternhaus und nach Karlsruhe habe. Der Vater durchschaut sie und schreibt: „Mit der Elternliebe ist es wie mit der Sonne: sitzt man zu direkt unter ihren Strahlen, fallen sie einem leicht lästig, sitzt man etwas seitab, wo sie schräger fallen und die kühleren Schatten der Umwelt sich bemerkbar machen, dann sehnt man sich nach ihrer Wärme. Und wie viel heftiger ist die Sehnsucht noch, wenn nicht die Elternliebe allein die Sonne ist, sondern die Liebe zu dem Manne, dem die Sehnsucht gilt! Auch dafür habe ich volles Verständnis, mein liebes großes Mädel!" ... Dann wird er sehr direkt und schreibt an anderer Stelle unverblümt: „Hinter Deinem Wunsch verbirgt sich die Frage, wie komme ich am schnellsten und sichersten zu meinem Geliebten und den Eltern zurück."

Cläre behielt ihren Dickkopf und heiratete trotz der Einwände der Eltern ihren Otto, der Bildhauer und freier Künstler war. Zwei Jahre später brachte sie die Zwillinge Gerd und Rolf Schneider zur Welt.

Auch Renate wurde in die französische Schweiz geschickt, nachdem sie sich in einen den Eltern nicht genehmen Mann verliebt hatte. Im Gegensatz zu ihrer Schwester hat es ihr dort sehr gut gefallen. Sie fand Freundschaften, mit denen sie noch lange nach ihrem Aufenthalt Korrespondenz pflegte. Sie wurde Rotkreuzschwester.

Aus Briefen und persönlichen Dokumenten aus der Nachlassenschaft meiner Schwiegermutter ahne ich, was Großvater Schiller für ein nobler und außergewöhnlicher Mensch gewesen ist.

Großvater Schiller wurde sehr geschätzt von Verwandten, Freunden, Bekannten und Patienten. Er starb, wie auch seine Frau, umsorgt von der jüngeren Tochter Renate, noch vor Beginn der Nazi-Ära und den Verfolgungen, denen die Juden ausgesetzt waren.

Meine Kusine Christa hat ihren Großvater nicht mehr kennen gelernt. Sehr beeindruckt war sie von einer Begegnung als junges Mädchen am Mannheimer Hauptbahnhof, als sie einem alten Ehepaar beim Einstieg in die Straßenbahn behilflich war. Im Gespräch erwähnte sie, dass ihre Mutter aus Karlsruhe kam. Wie der Mädchenname war, wollten die Herrschaften wissen. Beim Namen Renate Schiller fragten die Herrschaften sie direkt : „War Ihr Großvater Dr. Arnold Schiller?" Sie bejahte. Der alte Herr stand auf, küsste ihr die Hand und rief: „Wertes Fräulein, Ihr Herr Großvater war ein Heiliger."

Die Karl-Apotheke damals und heute.
Dieses Haus muss stehen bleiben.

„Ich will die Menschen hochheben"

Die Karl-Apotheke darf nicht sterben

„Wenn das geopfert wird, dann fehlt der Stadt ein Herzstück", sagt Kurt Kramer. Die Medien haben ihm den Ehrentitel „der Glockenpapst" verliehen, weil er immer dann zu Rate gezogen wird, wenn es irgendwo in Deutschland ein Problem mit einer Glocke gibt. Der Karlsruher Kurt Kramer hat ein ausgeprägtes Gefühl für „Dissonanzen", nicht nur, wenn es um Glocken geht.

Was augenblicklich in unserer Stadt auf dem Bausektor vor sich geht, beunruhigt ihn zutiefst. Grünflächen und Plätze werden zerstört, Häuser abgerissen und was die Bomben und die Kahlsanierung der Ära Klotz nicht geschafft haben, das fällt, wie die Karlsruher befürchten, den Planungen für den U-Strab-Bau zum Opfer. Mitten in all dem Chaos gibt es kleine Oasen wie das „Tortenstück" am Stephanplatz, die Karl-Apotheke, die seit mehr als 70 Jahren in Familienbesitz ist und die für so viele Karlsruher eine Art Zufluchtsort ist, den sie immer wieder aufsuchen, wenn sie Hilfe und ein aufmunterndes Wort brauchen.

„Das wäre doch die nächste Katastrophe", sagt Kramer, der den Abriss der Drogerie Roth, wie so viele Karlsruher, noch nicht verkraftet hat. „Das war doch ein Dolchstoß ins Herz der Karlsruher. Die Karl-Apotheke darf die Stadt nicht auch noch abreißen."

Wir sitzen mit Freunden an einem schönen Junitag im gastlichen Haus eines badischen Winzers, irgendwo im lieb-

lichen Markgräfler Land. Ich weiß nicht, wie wir so unver-
mittelt auf das Thema Karlsruhe und den geplanten Abriss
der Karl-Apotheke zu sprechen kommen und warum ich mich
anstecken lasse vom Unmut der Karlsruher Tischrunde gegen
die Politik unserer Stadtväter, die so vieles, was den Karlsruhern ans Herz gewachsen ist, einfach zerstören. Annemarie
Kramer mischt sich ein und berichtet, dass sie manchmal von
der Waldstadt kommend nur deshalb in die Stadt fährt, um
sich in ihrer „Lieblings-Apotheke" beraten zu lassen. Sie erzählt vom Apotheker Christian Giese, der für jeden ein per-
sönliches Wort findet: „Einmal hat er zu mir gesagt: ‚Sie lächeln immer, das ist so wohltuend'." Annemarie weiß, dass
ich über Karlsruher Häuser schreibe. „Schau dir die Apotheke
an! Es lohnt sich, nicht nur wegen der außergewöhnlichen
Schaufenster!"

Es ist kurz nach 8 Uhr, als ich am nächsten Morgen mein
Fahrrad am Stephanplatz im Fahrradständer der Apotheke
einparke. Es stimmt schon. Wer kommt schon an der Karl-
Apotheke vorbei, ohne nicht wenigsten einen Blick auf die
faszinierende Schaufenster-Dekoration zu werfen? Ein listiges
Füchslein in seiner natürlichen Umgebung beäugt den Betrachter, ein Gingkobaum ziert das Eckfenster und neben der
wissenschaftlichen Erklärung über den ältesten Baum der
Menschheit, der selbst die Katastrophe von Hiroshima über-
lebte, entdecke ich das berühmte Goethe-Gedicht, das dem
Zauber des Baums und der Verwandtschaft seines gespalte-
nen Blattes mit dem Wesen des Dichters nachspürt.

„Fühlst du nicht an meinen Liedern,
dass ich eins und doppelt bin?"

Dann erst trete ich ein, immer noch das Dichterwort im Ohr,
reihe mich ein in die Schlange der Wartenden, lasse neugierig meine Blicke umherschweifen und atme diesen Duft ein

von ätherischen Ölen, wohltuenden Essenzen und einem Hauch von Baldrian, der mich an die Apothekengerüche meiner Kindheit erinnert.

Eine seltsame Apotheke ist das, ein langgezogener schmaler Gang und überall in den Vasen und Krügen üppige Sträuße, die einen Duft von Sommerwiesen-Herrlichkeit verströmen. Für einen Augenblick vergesse ich, wozu ich hergekommen bin und freue mich an rosa Malvenblüten, an Johanniskraut und wildem Rittersporn, an Fingerhut und Ackerwinden und dekorativen Gräsern und Rispenblüten. Ein Stück Natur in einer Stadt, wo ringsherum das Chaos herrscht. Eine Insel, die vom Untergang bedroht ist?

Eine freundliche junge Frau fragt mich nach meinen Wünschen, lächelt mich an. Herr Giese komme etwas später. Ob sie mir eine Zettel geben dürfe, damit ich mein Anliegen notieren könne? Und gleich habe ich das gute Gefühl, dass mein Gegenüber mir genau zuhört und ganz sicher meine Wünsche erfüllen wird. Den Menschen, die neben mir stehen und in ein freundliches Gespräch verwickelt werden, mag es ebenso ergehen wie mir.

Mein Blick fällt auf einen gelben Zettel mit einer Unterschriftenliste mit der Skizze der Karl-Apotheke. Sieht aus wie ein „Tortenstück", denke ich und mir fällt ein, dass ich an diesem Gebäude schon als Kind an der Hand meiner Mutter auf dem Weg zur damaligen „Hauptpost" vorbeiging und dass hier auch eine öffentliche Toilette war und ich mich wunderte, ob diese nun zur Tankstelle oder zur Apotheke gehörte oder zu beiden.

„Die Karl-Apotheke darf nicht sterben!" steht auf dem Zettel. „Oberbürgermeister Frank Mentrup ist nicht bereit, uns einen, die Zukunft sichernden, Mietvertrag zu geben. Das bedeutet nichts anderes, als die abzusehende und gewollte Schließung der Karl-Apotheke. Das bedeutet den Verlust einer gewachsenen Karlsruher Institution, den Verlust von über

Immer von Wiesenblumen umgeben.
Das Team der Karl-Apotheke mit ihrem Chef Christian Giese

20 Arbeitsplätzen und den Verlust einer für viele Karlsruher Bürger wichtigen Anlaufstelle, nicht nur für gesundheitliche Fragen und Sorgen."

Das alles berührt mich, besonders der Satz am Ende: „Der Stephanplatz wird dann wohl ein Teil seiner Identität verlieren. Die Stadt kennt ihre Schätze nicht."

Plötzlich kann ich Kurt Kramers Unmut verstehen und dieses Gefühl der Ohnmacht, wie es wohl die Karlsruher vor Jahren empfunden haben, als eine Versicherung trotz der Proteste der Karlsruher das historische Weltzienhaus eines Weinbrenner-Schülers abreißen wollte.

Damals waren die Karlsruher erfolgreich mit ihren Protesten und ihren Sieg verdankten sie dem Journalisten Josef Werner, der wie ein Löwe für den Erhalt des Hauses gekämpft hatte. Aber die Profitgier der Immobilienhaie und Spekulanten ist heute noch mächtiger als damals, als der Chef der

Lokalredaktion der Badischen Neuesten Nachrichten mit seinem Engagement zum Beispiel auch das Kaufhaus Karstadt mit seiner Jugendstil-Fassade retten konnte. Wer geht heute noch auf die Barrikaden, um die Karl-Apotheke zu retten?

Über 17.000 Unterschriften hat Christian Giese schon für den Erhalt seiner geliebten Apotheke gesammelt. Unermüdlich appelliert er an das Gewissen und den Sachverstand der Stadtväter, ein Stück Karlsruhe zu retten, das so viele Bürger liebgewonnen haben. Der Stuttgarter Hauptbahnhof fällt mir ein und die vielen engagierten Bürger, die auch heute noch gegen einen Abriss protestieren, wo längst schon die Würfel gefallen sind. Zehntausende lassen sich nicht entmutigen, und ich?

Rasch unterschreibe ich die vor mir liegende Liste und verlasse die Apotheke. Ich weiß, dass es eine Lösung geben wird, und als ich kurz darauf Christian Giese kennenlerne, bestärkt mich das in meiner Überzeugung. Er wird es schaffen, er muss es schaffen. Ein Leben lang hat er nicht vergessen, was seine Mutter, die selbst Apothekerin war, ihm als jungen Mann ans Herz gelegt hat, als er in den Familienbetrieb eintrat:

„Schau dir die Menschen an, die zu uns kommen. Sie haben den Krieg erlebt, einen Arm oder ein Bein verloren. Sie sind oft mürrisch, enttäuscht oder hoffnungslos. Sprich die Menschen an, versuch, sie hochzuheben, heiterer zu machen."

Der Apotheker Christian Giese erzählt von den anfänglichen Zweifeln an sich und seiner Berufung: „Ich wusste doch nicht, ob ich für den Beruf überhaupt geeignet war, ich habe doch selber nicht viel gesprochen. Aber plötzlich ging mir auf, dass wenn man den anderen Menschen, der ja irgendwo ein Bedürfnis nach Zuwendung und Liebe hat, zum Reden bringt, wenn man ihm freundlich zuhört, dann wertet man ihn auf und hebt ihn hoch."

Geben ist seliger denn Nehmen. Auch das ist eine Erfahrung, die Christian Giese in seinem Leben gemacht hat. Was ihm die Ausgeglichenheit schenkt? Er lächelt: „Ich nehme mir jeden Sonntag Zeit, um irgendwohin in die Umgebung zu fahren und da, wo es karge Böden gibt, die nicht mit Chemie gedüngt wurden, Wiesenblumen zu pflücken, Kräuter und Gräser. Immer achte ich dann darauf, dass es sich dabei um Pflanzen handelt, die im nächsten Jahr wieder blühen werden. Das macht mich ruhig und ausgeglichen und freut auch meine Kunden."

Und was wird aus der Apotheke? Gibt es keine Möglichkeit, das Gebäude mit der Gropius-Architektur aus dem Jahre 1928 zu retten, es unter Denkmalschutz zu stellen oder die Stadtväter für seinen Erhalt zu gewinnen?

„Die Stadt hat mich aufgefordert, zu unterschreiben, dass mein Mietverhältnis am 31.12.2018 endet."

Christian Giese hält einen Augenblick inne. Dann sieht er mich ruhig an und sagt: „Ich unterschreibe nicht!"

Das „Bilderschächtele"

Die Hoepfner-Villa – Kulturtreff für Kunstfreunde

„Selbst Farben schlagen Wurzeln in diesem Haus", schrieb vor über vierzig Jahren ein Journalist in einem Artikel über das geheimnisvolle Haus mit den „ewigen Wandmalereien". Die Rede ist von der Jahnstraße Nr. 14, einem Wohnhaus, dessen Fassade mit Wandmalereien verziert ist, deren Farben aus dem Jahre 1887 zum Teil auch heute noch so frisch wirken, als wäre die Malerei mit den Ranken, Blüten und barocken Medaillons erst neueren Datums. „Das Bilderschächtele" nennen die Freunde der Familie Hoepfner liebevoll das bunte Haus, weil sowohl außen als auch im Innern zahllose Bilder die Wände zieren.

Dass die alte Villa einst zum „Mekka der Chemiker" aus aller Welt wurde, verdankt sie einer besonderen Erfindung von Adolf Wilhelm Keim, der chemische Stoffe fand, die einen Verkieselungsprozess der Farbe bewirkten. „Die Farben krallen sich in die Poren von Putz und Stein ein und so können die Ranken und Tollkirschen, das Efeu und das Laub buchstäblich Wurzeln schlagen, auch wenn sie nur gemalt sind", heißt es in dem Artikel.

An der Ostfront neben dem Eingang des Hauses entdeckt der Besucher zwischen aufgemalten Schmetterlingen und schwebenden Engelchen die Inschrift:

Badisch Haus und badisch Land
Schirm es Gott mit starker Hand

Ein offenes Haus für Künstler und Kulturfreunde,
die Villa in der Jahnstraße.

Wie die Farben in der Fassade, so ist auch das Leben der Leonore Hoepfner verwurzelt in der Geschichte des Hauses in der Jahnstraße. „Hier in meinem Elternhaus habe ich immer ein Gefühl von Geborgenheit und Wärme empfunden", sagt die zierliche alte Dame, deren liebenswürdiges Lächeln an den Charme eines jungen Mädchens erinnert.

Als ihr Großvater das Haus im Jahre 1903 erwarb und hier mit seiner Frau und seinen beiden kleinen Töchtern einzog, erfüllte er sich einen Herzenswunsch. Julius Kirsner war viele Jahre lang Hofapotheker in Donaueschingen und gleichzeitig, wie vorher schon sein Vater, Landtagsabgeordneter mit Sitzungen im Ständehaus in Karlsruhe, wo das erste vom Volk direkte gewählte deutsche Parlament tagte.

Kein Wunder, dass er sich schon früh für den Bau der Höllentalbahn einsetzte, weil die Reise mit der Pferdekutsche von Donaueschingen nach Karlsruhe zu den Sitzungen im Ständehaus lang und strapaziös war. Seinen Vetter, den Dichter Viktor von Scheffel, bei dem er bei seinen Dienstfahrten nach Karlsruhe immer wohnte, hatte er darum gebeten, ihm in Karlsruhe ein geeignetes Haus zu suchen.

Schließlich verdankte er es aber einem Zufall, dass er das 1887 erbaute Haus des Kunstmalers Brünner, der mit seinen Studenten die Fassade seiner Villa bemalt hatte, erwerben konnte. Eine Art „Palazzo" im Millionärsviertel, wie die Karlsruher damals die noble Wohngegend rund um die Westendstraße nannten. Alles an diesem Haus gefiel ihm, nur den Spruch „Am eigenen Herd bei Kind und Weib / Wird Müh' und Arbeit Zeitvertreib" an der Hauswand fand er spießig und ließ ihn einfach übertünchen.

Nur einen Steinwurf entfernt von der späteren Musikhochschule und der Kunstakademie standen die Villen zweier ganz unterschiedlicher Künstler. Fast mittelalterlich wirkte die Malerburg des Akademieprofessors Ferdinand Keller, während

Leonore Hoepfner und ihre Mutter
blicken aus dem Fenster des „Bilderschächtele“.

die bemalte Schönleber'sche Villa gegenüber wie ein heiterer italienischer Renaissancepalast daherkam. „Feinde in Stein", so beschrieb Sibylle Kranich die beiden Prachtvillen, die den unterschiedlichen Charakter ihrer Besitzer widerspiegelten.

Das Haus des Großvaters erinnert Leonore heute noch an ihre Kindheit. „Mama, die künstlerisch sehr begabt war, hatte ihr Leben lang ein schwaches Herz, aber sie wurde 93 Jahre alt. Ich erinnere mich an viele Feste in unserem Haus. Zur Weihnachtszeit schrieb Mutter, die viele Jahre den Richard-Wagner-Verband leitete, kleine Theaterstücke, bei denen Freunde, Verwandte und Künstler mitwirkten. Im Haus gab es einen Musiksalon mit einem Flügel, der immer auch von einem Stipendiaten des Richard-Wagner-Verbands bespielt wurde. Bekannte Musiker wie Kapellmeister Frithjof Haas, der Sänger Peter Hofmann, die Pianistin Sontraud Speidel und viele andere waren hier öfters zu Gast. Wie ein Magnet zog das Haus die unterschiedlichsten Persönlichkeiten an.

Leonores Vater, Dr. Richard Wunderlich, war ein hochgeschätzter Karlsruher Arzt. Nach seiner Heirat mit Elisabeth Wunderlich, geborene Kirsner, war er in das Haus seiner Schwiegereltern gezogen. Wenn er spät abends nach Hause kam, durfte die kleine Leonore sich im Nachthemd zu ihrem Papa an den Tisch setzen und ihm ein Fläschchen Bier aus dem Keller holen.

„Ich hab mich furchtbar gefürchtet, weil es im Keller nur trübes Funzellicht gab. Um meine Angst zu besiegen, habe ich laut gerufen: Sie können mich ruhig umbringen! Das Haus ist von Polizei umstellt! Hätte Vater, der für mich ein Urbild der Humanität war, etwas von meinen Kinderängsten geahnt, hätte er nie erlaubt, dass ihm sein „Puschel", ein Bier, aus dem Keller hole! Aber ich war viel zu stolz, um meine Angst einzugestehen", erinnert sich Leonore Hoepfner.

Tatsache ist, dass 1943 im Haus Nr. 15 in der Jahnstraße Leonores Tante im Keller von einem polnischen Zwangsar-

Spaziergang mit Kindern: Leonore und Albrecht Hoepfner
mit Andrea und Friedrich Georg

beiter ermordet wurde, der ihre Leiche im Kohlenkeller verscharrte. Leonore und ihr Vater wagten es nicht, der in Kur weilenden kranken Mutter etwas über den Mord zu erzählen. Dennoch ahnte die Mutter, dass ihre Schwester nicht mehr am Leben war. Ein Traum hatte ihr düstere Vorahnungen geschickt. „Lüg mich nicht an, Leonore", sagte sie am Telefon, „ich weiß, dass Tante Trudi tot ist!"

Leonore, von allen liebevoll „Puschel" genannt, die später in Heidelberg studierte, meldete sich freiwillig zum Roten Kreuz als Kriegsschwester.

Der Krieg war vorbei. Die Stadt lag in Schutt und Asche und viele Familien trauerten um ihre Väter und die Söhne, die nicht zurückgekommen waren. Leonore hatte wie ihre Freundinnen das Gefühl, dass der Krieg sie um ihre Jugend betrogen hatte. Was tun?

„Zusammen mit einigen Freundinnen organisierten wir einen privaten Tanzkurs bei der bekannten Tanzschule Großkopf und dabei lernte ich meinen späteren Mann kennen, Albrecht Hoepfner, der neun Jahre älter war als ich. Ich fühlte gleich, dass er mich nicht mehr loslassen würde. Als er mich kurz nach dem ersten Kennenlernen fragte, ob ich seine Frau werden wolle, lehnte ich ab. ‚Du bist doch noch so jung', sagte ich, obwohl Albrecht schon vierunddreißig Jahre alt war. Ich hatte das Gefühl, dass ich noch gar keine Zeit gehabt hatte, jung zu sein. Ich wollte mich noch nicht fest binden, aber er überzeugte mich sehr schnell."

Albrecht Hoepfner war vom ersten Kriegstag an Soldat gewesen und bei Kriegsende schlug er sich ein Jahr lang in Richtung Westen durch, quer durch die Karpaten! Sechsmal war er aus russischen Gefangenenlagern geflüchtet. Immer wieder halfen ihm Menschen in Siebenbürgen, die damit ihr eigenes Leben in Gefahr brachten. Sie versteckten ihn vor den Russen, gaben ihm zu essen und retteten ihm so das Leben. Albrecht Hoepfner brachte ihnen bei, wie man sein eigenes Bier braut. Gerste hatten sie auf ihren Feldern und er zeigte ihnen, wie man Hopfen anbaut. So entstanden kleine „Hausbrauereien" und Freundschaften, die ein Leben lang dauern sollten. Noch heute lebt die Enkelin einer dieser Familien in Karlsruhe. Jedes Jahr schenkt sie Leonore Hoepfner ein „Märzchen", einen Frühlingsgruß aus ihrer rumänischen Heimat.

„Nein, so jung war Albrecht wirklich nicht. Er war doch im Krieg gewesen, er kannte das Leben!" Leonore Hoepfner wird nachdenklich: „Wir waren ein überglückliches Paar. Ob es heute noch viele solche Ideal-Ehen gibt? Unsere Freunde haben uns wiederholt gesagt, dass wir ihr Vorbild sind."

Wieder einmal wurde das Haus in der Jahnstraße 14 zum Ort der Geborgenheit für eine junge Familie, für Leonore und Albrecht, die nach ihrer Heirat hier einzogen und dort bis 1959 wohnten. Sechsunddreißig Jahre lang arbeitete Leonore in der Brauerei ihres Mannes, kümmerte sich um das Personal und die Verwaltung der Gaststätten. „Ich mache alles, habe ich Albrecht zu Beginn unserer Ehe gesagt, aber mit den Finanzen will ich nichts zu tun haben." Und dabei blieb es auch.

Die beiden Kinder, Friedrich Georg und Andrea wuchsen hier auf, bis sie mit den Eltern aus Platzgründen in die Felix-Mottl-Straße zogen. Einen Monat vor der Geburt ihres Kindes zog Tochter Andrea wieder in das Haus in der Jahnstraße, in dem noch die Großmutter, Elisabeth Wunderlich, als Witwe lebte. Später schenkte Leonore Hoepfner der Tochter und den inzwischen erwachsenen vier Kindern das Haus mit den Rundbogenfenstern zur Gartenseite, den hohen Räumen mit den Stuckverzierungen und den großzügigen Balkonen mit Blick auf den Garten. Ein Haus mit einer glücklichen Geschichte, deren Fäden von Generation zu Generation, von Kindern, Enkeln und Urenkeln fortgesponnen werden. Ein fröhliches, buntes Haus ist dieses „Bilderschächtele", ein Ort, wo selbst die Farben Wurzeln schlagen.

Als die Bomben fielen, sangen wir Kirchenlieder

Schreinerei mit Hinterhof und Werkstatt

Es gibt Ereignisse, die in keiner Chronik stehen und die man aufschreiben sollte für seine Kinder und Enkel, damit sie nicht in Vergessenheit geraten. Die Geschichte beginnt in einem Karlsruher Hinterhof in der Waldhornstraße im Kriegsjahr 1944. Mitten im Bombenhagel, der auf Karlsruhe niedergeht, sitzen zwei kleine Mädchen im Keller, blicken auf das Licht einer Kerze und warten darauf, dass ihre Mutter zurückkommt, bevor die kleine Flamme endgültig verlischt. Helga Lehmann hat mir ihre Geschichte erzählt, und ich habe sie aufgeschrieben.

September 1944 wurden wir in der Waldhornstraße Nr. 21 ausgebombt. Mein Vater hatte dort eine Schreinerei. Und im Hinterhaus war ein Lebensmittelgroßhandel und ein Verlag für Noten. Unsere Umgebung war ein idealer Spielplatz für Kinder und der Schlossgarten war ja ganz in der Nähe.

Als die Bomben fielen, saßen wir Kinder allein im Keller. Wir sangen Kirchenlieder und das Dunkel wurde von einem kleinen Licht erhellt. Es war der Rest meiner Erstkommunion-Kerze, die schon bald verlöschen würde, aber meine Schwester und ich hatten keine Angst. Wir wussten, dass Mutter uns aus dem Keller herausholt, bevor die Kerze ganz ausgehen würde.

Nachkriegs-Weihnachten bei Familie Lehmann

So hatte sie es uns versprochen, und so war es dann auch. Mutter befreite uns im letzten Augenblick aus dem Keller, während über uns das Haus in Flammen aufging. In meinen Armen hielt ich die Geldkassette, die mir die Besitzer der Lebensmittel-Großhandlung im Hinterhaus mir anvertraut hatten und die ich fest an mich presste.

Wir irrten in der Stadt umher und wussten nicht, wo wir die Nacht verbringen sollten, bis wir den Keller des Pelzgeschäftes Zeumer in der Kaiserstraße entdeckten, wo wir halbwegs geborgen zwischen Decken und Nerzen einschliefen.

Wir Ausgebombten erhielten Lebensmittelkarten, die wir für ein warmes Mittagessen im Lokal „Zum Braunen Eck" eintauschen konnten. Erst zwei Tage nach dem Angriff erfuhr Vater, der damals im Diakonissen-Krankenhaus in Rüppurr lag, dass seine Familie noch am Leben war, und er kam dann kurz vor Weihnachten mit dem Wagen eines Leichenbestatters nach Hause zurück.

Ab da hausten wir in dem kleinen Häuschen in der Waldstraße Nr. 9, das er während des Krieges gekauft hatte. Vor uns hatte dort eine adlige Dame gewohnt, deren Gerümpel überall herumstand. Nach ihrem Tod war das alte Haus unbewohnt und es gab dort weder Wasser noch Strom.

Damals war an dem Haus Nr. 9, das heute der Badischen Beamtenbank gehört, an der Außenfront eine hölzerne Treppe mit einem Holzdach angebracht. Vater entfernte die Treppe an der Außenfront des Hauses und baute im Innern eine Holztreppe ein. Im Hinterhof war unsere Werkstatt und als am 4. April 1945 die Franzosen im verwüsteten Karlsruhe einmarschierten, beobachteten wir von einem kleinen Fenster aus den Einzug der Marokkaner, die mit aufgepflanzten Bajonetten in Richtung Kronenstraße marschierten. Das war ein furchtbares Erlebnis für mich. Ich war damals zehn Jahre alt und hatte noch nie einen schwarzen Soldaten gesehen.

Eines der ältesten Karlsruher Häuser in der Waldstraße,
die von der BB Bank erworben und saniert wurden.

Nicht einmal das Notwendigste hatten wir zum Überleben.
Zum Glück fanden wir auf einem der Trümmerberge einen
alten Topf mit dem wir an einem Hydranten auf dem Schlossplatz Wasser holen konnten.

Ecke Waldstraße und Zirkel stand die Gastwirtschaft „Zum
Roten Haus", wo die Frauen für die Marokkaner kochen mussten. Die Speisereste wurden in ein Loch geschüttet. Es war
den Frauen verboten, Essensreste aus der Küche mit nach
Hause zu nehmen. Ich musste auf der Kaiserstraße beim „Feinkost Schindele" Schlange stehen, um irgendetwas Essbares zu
ergattern. Noch heute sehe ich die langen, nackten Beine eines Jungen vor mir, die so dürr waren, dass ich Angst hatte,
er würde auf der Stelle zusammenbrechen.

Ich bin froh, dass die Bank die drei kleinen Häuser in der
Waldstraße gerettet und saniert hat, denn der Mensch kann
nicht ohne Erinnerungen leben. Der Dichter sagt: Die Erinnerung ist das einzige Paradies, aus dem wir nicht vertrieben

werden können. Im Nachhinein denke ich, dass wir damals ja gar keine Kindheit hatten, sondern nur eine Zeit zum Erwachsenwerden.

Im Haus Nr. 9 habe ich meine „Kindheit" verbracht, und hier spielten wir in der Werkstatt meines Vaters, wenn es draußen regnete. Im Hof gab es ein kleines Kämmerchen mit einer Gemeinschaftstoilette für alle Hausbewohner und ich hatte die Aufgabe immer die Petroleumlampe aufzufüllen, damit die Toilette in der kalten Jahreszeit nicht einfriert.

Schon mit 16 Jahren hatte ich einen Freund, den ich später heiratete und ich erinnere mich noch daran, wie mein Vater ihn bat, ihm das Lied „Es steht ein Soldat am Wolgastrand, hält Wache für sein Vaterland", vorzusingen. Da bekam Papa Tränen in die Augen und von da an war er mit der Wahl meines Freundes einverstanden.

Mein späterer Mann Hermann-Josef machte das Abitur am Bismarck-Gymnasium, und ich wurde Gehilfin beim Steuerberater Fritz Corterier und machte eine Lehre im Wirtschaftstreuhänder und steuerberatenden Beruf. So hieß das damals.

Nach unserer Heirat zogen wir in das kleine Haus in der Waldstraße, wo meine beiden Söhne Siegfried und Volker geboren wurden und in dem wir bis zu unserem Umzug 1972 lebten.

Die offiziellen Pläne der Badischen Beamtenbank kannten wir nicht. Fest steht, dass die Bank Interesse an dem Erwerb unseres Haus zeigte, was nach langen Verhandlungen damit endete, dass die Bank unser Haus kaufte und ich mit meiner Familie in die Sophienstraße zog.

Immer wieder zog es mich in die alte Heimat zurück. Bilder wurden lebendig, zum Beispiel die Erinnerung an das Nachbarhaus, wo es nach dem Krieg einen Tauschring gab, wo man zum Beispiel einen Badeanzug gegen eine Strickjacke eintauschen konnte: „Fehlt dir ein Ding, dann tausch im Ring", hieß der Werbeslogan.

„Es benötigte viele Jahre, bis die drei alten Häuser, die ja noch aus den Tagen der Stadtgründung stammten, saniert wurden. Immer hoffte ich, dass die Bauarbeiten zu einem guten Ende gebracht würden, weil ich manchmal Gerüchte vom Abriss der Häuser hörte. Aber tief in mir war ich davon überzeugt, dass die Häuser gerettet würden. Hätte man sie abgerissen, nie wieder hätte ich es übers Herz gebracht, in die Waldstraße zu gehen, wo ich so verwurzelt war. Dort habe ich meine Kindheit und Jugendzeit verbracht und später die Jahre als Ehefrau und Mutter. Wenn ich Zweifel an der Rettung der Häuser hatte, sagte ich mir: Du hast doch den Krieg gut überstanden, so muss doch auch die Geschichte mit deinem Haus gut ausgehen.“

So war es dann auch. Nicht ohne Rührung betrachte ich die zwei alten Sandsteinpfosten an der Toreinfahrt unseres Hauses, wo der Bruder meines Freundes mit Kreide einritzte, wann und wo wir unser nächstes Rendezvous hatten. Manchmal kehre ich zurück an diesen Ort, schaue mir die beiden Torpfosten an und die Vergangenheit wird wieder lebendig.

Wo die Großherzogin ihre Garderobe schneidern ließ

Das Kalliwoda-Haus

Manchmal geschieht es, dass ein altes Haus plötzlich zu neuem Leben erwacht. Karin erzählt mir begeistert von einer neuen kleinen Konditorei in einem „uralten" Karlsruher Haus in der Amalienstraße Nr. 39. „Eine Entdeckung", schwärmt sie, „Eclairs, Schokoladentörtchen und Petits Fours, allerfeinste französische Pâtisserie, ein Hauch von Frankreich mitten in Karlsruhe im Kalliwoda-Haus."

Eine Woche später treffen wir uns vor dem bemalten Haus mit Malereien auf der olivbraunen Fassade und einer weißen Gedenktafel, die daran erinnert, dass in diesem Haus im Jahre 1866 der Komponist und Hofmusiker vom Donaueschinger Hof, Johann Wenzel Kalliwoda, anno 1866 gestorben ist. Der Name ist mir nicht unbekannt und ich erinnere mich, dass ich auf dem Karlsruher Hauptfriedhof schon öfters an seinem Ehrengrab vorbeigegangen bin. Und einmal vor langer Zeit hatte ich das Glück, als Gast der heutigen Hausbesitzerin Felicitas Pudewell in diesem Haus zu weilen und einen literarischen Abend zu genießen.

Das alles fällt mir ein, als ich jetzt mit Karin und Freundin Reni die vier Sandsteinstufen, die ins Café Ludwig führen, betrete. „Konditor des Jahres" lese ich an der Eingangstür und bin überrascht von der Helligkeit des kleinen Cafés mit den weißlackierten alten Stühlen und der verlockenden Präsentation von Pralinen, Törtchen und Petits Fours. Habe

Hier verbrachte Musiker Kalliwoda die letzten Jahre
seines Lebens als Untermieter.

ich je ein köstlicheres Zitronentörtchen gegessen? Ja, vor vielen Jahren vielleicht in Nancy, im Café de Commerce am Place Stanislas, lang, lang ist's her.

Wenig später verabrede ich mich wieder im Café. Niemand kennt die Geschichte dieses Hauses besser als Felicitas Pudewell, die viele Jahre um das Haus ihrer Vorfahren gekämpft hat. Das „Großmutter-Haus" nennt sie liebevoll ihr Erbe. „Wie oft war ich als Kind hier bei meinen Großeltern. Im Erdgeschoss, wo heute das Café und das Kosmetikstudio sind, war früher die Zahnarztpraxis meines Großvaters, Dr. Albert Günzer, der seine Praxis von der Ecke Amalien- und Hirschstraße hierher verlegte. Als das Kalliwoda-Haus zum Verkauf stand, erwarb er es auf Bitten meiner Großmutter. Sie war im Mannheimer Nationaltheater aufgewachsen als Enkelin des Requisiteurs Wilhelm Mühldorfer und seines Bruders, der Direktor des Theaters war. So war das Theater ein Teil ihres

Lebens und die Lage des neuen Hauses war ideal, weil sie von der Amalienstraße aus zu Fuß ins alte Hoftheater gehen konnte.

Schon als Kind hatte Felicitas dank der Großeltern eine besonders lebhafte Beziehung zur Literatur, was ihr auch später zugutekam, als sie in Freiburg Deutsch, Geschichte und Katholische Theologie studierte. Wenn wir zu einem Spaziergang aufbrachen, begann der Großvater zu rezitieren, und wenn die Sonne durch die Wolken brach, dann hatte er gleich das passende Zitat aus dem „Faust" zur Hand. Kaum, dass ich lesen konnte, lasen wir die Dramen der deutschen Klassiker mit verteilten Rollen. Und wenn ich nicht wusste, aus welchem Shakespeare-Stück, ob Hamlet oder Richard III., ein Zitat stammte, hieß es gleich: Du Doubel! Hier in der Amalienstraße war das Kind daheim und fühlte sich wohl.

„Denn erst als Papa, wie Mutter auch Zahnmediziner, im Krieg war, fühlte ich mich auch zu Hause in Rüppurr wohl. Papa war Preuße aus der Neumark und ich habe nie verstanden, wie meine bayrischstämmige Mutter einen Mann von so völlig anderer Mentalität und Denkart heiraten konnte. Aber das ist wohl die Liebe!" Felicitas Pudewell lacht und wirft einen liebevollen Blick hinaus in den geräumigen Hof der Amalienstraße 39, der so groß ist, dass hier zu Großherzogs Zeiten die Kutsche der Großherzogin wenden konnte, wenn sie in das Haus des Hofschneiders Bang zu einer Anprobe kam.

Hier hat die heutige Besitzerin die Reste eines Brunnens entdeckt, an dem die Pferde während der Wartezeit getränkt wurden. Unter den Platten stößt man heute noch auf den ehemaligen Waldboden. Direkt unter dem Eingang des Hauses verläuft der Karlsruher Landgraben, der neben Paris zu den größten unterirdischen Abwasserkanälen Europas gehört. „In einer Richtung läuft er zur Leopoldschule, er läuft auch durch den Hof der Leopoldschule, wo früher das Schlachthaus stand, und weiter zum Lameyplatz, wo sich ein Einstieg befindet; in der anderen Richtung über Stephan- und Ludwigsplatz

Wenn die Großherzogin zur Anprobe kam, herrschte Aufregung beim Hofschneider in der Amalienstraße.

zum Schloss, von dort in einer Biegung zum Gottesauer Schloss", erklärt Frau Pudewell. Wenn man in ihrem Gewölbekeller das Ohr an die Westwand legt, hört man immer noch den alten Kanal rauschen. „Schade" , meint sie, „dass nur so wenige Karlsruher wissen, dass unser Landgraben dem Sanierer von Paris, Baron Haussmann, als Vorbild für die Entwässerung seiner Stadt diente. Im Zweiten Weltkrieg wurde mir erklärt, wie man notfalls die Kellerwand aufbricht und den Kanal als Fluchtweg benutzt: Er hat auf beiden Seiten Gehwege und ist schiffbar."

Wann ist das Haus gebaut worden? Im Jahre 1815 hat der Stadtrat beschlossen, dass das Gelände zwischen Waldstraße und der heutigen Hirschstraße bebaut werden soll. Man brauchte für die Offiziere Kaserne und Exerzierplatz an Stelle der Postgalerie und dem Stephanplatz! So wurden auf der Südseite die sogenannten „Kavaliershäuser" erstellt. Der badische Hof war durch häufige Grenzkonflikte arm, daher baute man im Erdgeschoss Räume für Geschäfte, im Obergeschoss konnte man von Haus zu Haus gehen. Diese Türen wurden zugemauert, als die Häuser in Privatbesitz übergingen.

Aber zurück zur Ausgangsfrage. Wann das Haus nun wirklich gebaut wurde, kann nur vermutet werden. Beim Ablösen alter Tapeten tauchte unter fünf bis sieben Schichten als unterste eine Zeitung aus dem Jahr 1821 auf. Es liegt also nahe, dass das eigentliche Baujahr 1822 gewesen sein muss.

Als im September 1944 Karlsruhe heftig bombardiert wurde, blieb auch die Amalienstraße nicht verschont. „Viele Häuser in unserer Straße brannten ab, nur die Nummern 39, 41 und 43 konnten teilweise gerettet werden. Die Häuser waren ja alle aus Holz und brannten lichterloh wie ein großer Teil der Stadt. Als meine Mutter mit dem Fahrrad auf einem Riesenumweg gleich nach dem Ende des Angriffs in die Amalienstraße kam, um nach ihren Eltern zu schauen, kam sie erst nach drei Tagen mit angesengten Haaren und nach Rauch riechend zurück. Später, als ich nach dem Tod unserer Mutter das Haus übernahm, entdeckte ich noch Brandspuren an der Wand. Man hatte einfach einen Schrank davorgeschoben."

Noch 1974 gab es die Drahtglasfenster hinter den französischen Gittern, veraltete Elektroleitungen und uralte Kohleöfen. „In der Nachkriegszeit hatten wir andere Sorgen und mussten uns, wie alle, irgendwie durchschlagen. Auch unser Haus litt unter der allgemeinen Wohnraumbewirtschaftung und den Zwangseinquartierungen", erinnert sich die Hausbesitzerin. Der ständige Kampf um den Erhalt des Hauses und die Unsummen, die eine denkmalgerechte Sanierung verschlingen, haben die kämpferische Frau bis heute nicht entmutigt.

Nicht nur sie ist verzaubert vom altertümlichen Charme des historischen Gebäudes mit den verblassenden allegorischen Wandmalereien, in dem der Hofmusiker seine letzten Jahre verbrachte, weil sein Sohn in Karlsruhe lebte und unter anderem auch als Organist und Chorleiter von St. Stephan wirkte.

„Nie werde ich dieses Haus freiwillig verlassen, es ist mir zutiefst Heimat", sagt sie, „und wenn ich dazu gezwungen würde, so wäre sein Verlust mein Ende."

P.S. Kurz nachdem ich die Geschichte des Kalliwoda-Hauses aufgeschrieben hatte, stürzte Felicitas Pudewell beim Einkauf in der Karlsruher Innenstadt. Sie war sofort tot.

Drei Engel für das Seilerhäuschen

Wie Karlsruhes ältestes Handwerkerhaus gerettet wurde

Hätte ich es nicht schon längst entdecken müssen, das kleine Haus in der Kaiserstraße Nr. 47, das Seilerhäuschen? Bin ich nicht jahrelang auf meinem Schulweg ins Kant-Gymnasium daran vorbeigelaufen? Warum habe ich es nie wahrgenommen, damals, als ich gemeinsam mit meinem zwei Jahre älteren Bruder Rolf Tag für Tag ins Kant-Gymnasium in der Englerstraße ging?

Einen weiten Weg mussten wir zurücklegen quer durch die halbe Stadt und meistens zu Fuß, weil das Geld so knapp bemessen war, dass wir nur bei schlechtem Wetter die Bahn benutzen durften. Das war in den Fünfzigerjahren, als wir Kinder, von der Klosestraße kommend, vorbei am Sallenwäldchen, dem Malschbrunnen am Ettlinger Tor, dem Kino am Rondellplatz und dem Marktplatz in die Kaiserstraße Richtung Durlacher Tor einbogen.

Ich hätte es doch sehen müssen, das uralte Haus zwischen Waldhornstraße und Durlacher Tor, schräg gegenüber dem Haupteingang der technischen Hochschule und dem ehemaligen Zeughaus. Aber das unscheinbare, anderthalbgeschossige Gebäude mit der Aufschrift „Carl Schönherr Seilermeister" neben der Druckerei und in der Nähe des „Café Kehrle" fiel mir nie auf. Ob das an der bescheidenen Fassade lag mit den hölzernen Fensterläden, die so gar nicht in die Stadtlandschaft passten? Oder war es einfach die Nähe zu den verruchten Nachtclubs, zum Lokal mit der Aufschrift „Ball der ein-

Hinter der niedrigen Fassade der „alten Seilerei" verbirgt sich ein idyllischer Hinterhof mit südlichem Flair. (Zeichnung von Benno Huth)

samen Herzen" oder zum „Atlantik", wo die ersten Sexfilme gezeigt wurden, die mich davon abhielten, mir das Haus näher anzuschauen?

Wir Kinder aus der Südweststadt mieden die Altstadt mit dem Dörfle. Was mich anzog, waren die riesigen Schaufenster von C&A, die aufgedonnerten Schaufensterpuppen mit den grell geschminkten Lippen, den auftoupierten Haaren und den modischen Sommerkleidern. Der neue C&A auf der Kaiserstraße neben dem Radio Ade, das war eine richtige Attraktion für uns Nachkriegskinder, die bis dahin immer nur die abgetragenen Bleyle-Kleider der älteren Geschwister anziehen mussten und die Pullover und Strickwesten, die unsere fleißige Mutter, wenn wir Kinder schliefen, bis spät in die Nacht hinein für uns strickte.

Wie einfach wäre es gewesen, nur ein einziges Mal den Schulweg abzukürzen und über die verlängerte Waldhornstraße quer durchs Dörfle einen neuen Schulweg zu erkunden. Aber das wagte ich nicht, weil Großmutter uns erzählt hatte, dass man ihr dort einmal am hellen Tag einen vollen Nachttopf nachgeworfen habe.

Und als ich später in der Quarta am Lidellplatz eine Freundin hatte, mied ich das angrenzende Revier mit dem „Leichten Gewerbe", das ja eigentlich eher ein Schweres ist, ohne mir je darüber Gedanken zu machen, was dort so vor sich ging. An den Häuserwänden stand mit weißen, aufgemalten Buchstaben Off Limits, was meine Freundin mit dem Satz kommentierte: „Neger dürfen da nicht rein" ..., und manchmal sah ich auch, wie amerikanische Militärjeeps dort im Schritttempo ihre Runden drehten.

Hat es mich irgendwie berührt, als man in der Ära Klotz plötzlich bekanntgab, dass man beabsichtige, das alte Dörfle platt zu walzen und die Bewohner in moderne Neubauten mit allem Komfort umzusiedeln? In der Zeitung war zu lesen,

Das Seilerhäuschen –
heute Treffpunkt der Freunde provenzalischer Küche.

dass sich dort im Dörfle wahre Dramen abspielten, weil sich die alten Bewohner weigerten, ihre Häuser zu verlassen. Aber das nahm ich einfach nur zur Kenntnis, wie man Nachrichten anhört, die einem nicht berühren.

Vom Metzgermeister Nägele war da die Rede, der sich mutig diesen Plänen entgegenstellte, und einer Frau Schönherr vom Seilerhäusle, die ihren Laden und Wohnung um keinen Preis aufgeben wollte. Die Kaiserstraße 47 war das Haus ihrer Familie, ein Modellhaus aus dem Jahre 1723, das seitdem ununterbrochen in Familienbesitz war und als Seilerei genutzt wurde. Hofseilerei von Stadtgründers Gnaden, weil der Markgraf, als 1715 Karlsruhe gegründet wurde, in einem Gnadenbrief versprochen hatte, den ersten Siedlern kostenlos Baugelände, Holz und Sand zur Verfügung zu stellen, sofern sie unbescholten waren und ein ehrliches Handwerk ausübten.

Und jetzt, nach über 250 Jahren sollte das Häuschen abgerissen werden. Das traditionsreiche Haus, wo es zur Straße hin einen Laden gab und wo man noch in den Achtzigern Artikel fand, die man vergeblich in den Warenhäusern der Stadt suchte: Birkenbesen, handgemachte Wurzelbürsten, Hanfseile, Knäuel von Bindfäden und dicke Stricke, die an Fleischerhaken von der Decke des urigen Verkaufsraumes mit der mechanischen Registrierkasse hingen. Erste Proteste wurden laut: Wollen die im Rathaus denn alles kahlsanieren? Ist denn noch nicht genug zerstört und abgerissen worden in unserer Stadt?

Irgendwann geschah dann das Wunder, ausgelöst durch den mutigen Widerstand des Metzgermeisters Nägele, der Seilersfrau und einiger Karlsruher Bürger und Bürgerinnen, die die Stadtsanierung teilweise zum Erliegen brachten. Und so geschah es, dass nach zähen Verhandlungen in den späten Achtzigerjahren der verbliebene Rest des ehemaligen Dörfle erhalten und „kleinteilig saniert" wurde. So steht es auf dem

Die Mannschaft der Seilerei Carl Schönherr.

rosa Faltblatt, das mir Georg Matzka, der junge Architekt, beim Tag des Offenen Denkmals in die Hand drückt. Er kennt das Haus noch aus der Zeit, als eine Sanierung aussichtslos erschien. Im Auftrag des heutigen Besitzers, der Volkswohnung, machte er sich behutsam mit seinen Mitarbeitern an ein schier aussichtsloses Unterfangen, Karlsruhes ältestes Haus nicht nur zu retten, sondern es so zu erneuern, dass hier heute ein Weinlokal mit Galerie, ein Café und ein romantischer Innenhof entstanden sind.

Fasziniert lausche ich der Geschichte, die er am Tag des Offenen Denkmals einer Gruppe von Besuchern erzählt. Ja, der Architekt hat sogar die ehemalige Hausbesitzerin Gertrud Schönherr noch gekannt, die als letzte Inhaberin der Seilerei versucht hat, ihr Familienerbe so lang wie möglich zu bewohnen und zu bewirtschaften. Irgendwann musste sie dann aus Alters- oder Gesundheitsgründen ihr Haus abgeben und bot es zum Verkauf, nachdem sie sich so lange gegen den Abriss gewehrt und mit den Behörden gekämpft hatte.

Das geliebte Seilerhaus mit den schiefen Wänden, den bemalten Blümchentapeten, den hölzernen Fensterläden und dem bald dreihundert Jahre alten Fachwerk. Aber plötzlich änderte sich die Situation.

Wie der Deus ex machina treten drei engagierte Frauen auf den Plan und beschließen, das älteste Karlsruher Haus um jeden Preis zu retten. An der Spitze Baubürgermeisterin Heinke Salisch, die damalige Regierungspräsidentin Gerlinde Hämmerle und nicht zuletzt die Journalistin Traudl Schucker. „Denkmalgerecht und handwerklich korrekt" wird mit ihrer Unterstützung und dem Engagement der Sanierer und Denkmalschützer Karlsruhes ältestes Haus gerettet und am 21. Juni 1999 der Karlsruher Bevölkerung übergeben.

„Das war ich den Bürgern schuldig und einer aussterbenden Handwerkszunft", erinnert sich Heinke Salisch in der vom Stadtarchiv herausgegebenen Schriftenreihe „Häuserund Baugeschichte".

Als die damalige Baubürgermeisterin das schon zum Abriss freigegebene Haus, das in einem chaotischen Zustand seinem sichern Ende entgegendämmerte, besichtigte, erkannte sie, dass sie hier einschreiten musste: „Ich fühlte fast körperlich, dass ich für die Renovierung des Hauses kämpfen musste." Auch Regierungspräsidentin Gerlinde Hämmerle und das Landesdenkmalamt engagierten sich für die Rettung des Seilerhäuschens. Die Journalisten Traudel Schucker und Michael Nückel rüttelten die Bevölkerung wach und mobilisierten engagierte Bürger.

Ein wahres Schmuckstück ist diese gastronomische Insel Seilerhaus mitten im Baulärm unserer Stadt geworden. Ich lasse mich an einem der gemütlichen alten Holztische nieder, trinke einen Kaffee und genieße in kleinen Häppchen ein Stück köstlicher Mandeltorte, die mir ein freundlicher junger Mann, der neue Pächter, empfohlen hat. Toma heißt er, so steht es auf dem Visitenkärtchen, das er mir überreicht und dazu legt er mir diskret die passende Lektüre auf den Tisch, die faszinierende Geschichte von Karlsruhes ältestem Haus.

Ich blicke hinaus auf den romantischen Hof mit den kleinen Tischen und der hölzernen Laube, wo ein freundlicher Kellner die ersten Windlichter anzündet und die Bestellungen für provenzalische Spezialitäten aufnimmt. Überbackene Auberginen mit Rosmarinkartöffelchen und dazu einen kühlen Rosé, das passende Gericht für eine laue Sommernacht, die Erinnerungen an la douce France weckt und Begegnungen unter südlichem Himmel. Aber ich sitze mitten im aufgewühlten Karlsruhe, der Stadt mit den hundert Baustellen, Absperrungen und Umleitungen. Die Zeit steht still an diesem Sommerabend in Karlsruhes ältestem Hinterhof mit dem schiefgetretenen Kopfsteinpflaster, dem uralten im Boden versenkten Brunnen, wo einst der Seiler und die Hausbewohner ihr Wasser schöpften, und den hohen Mauern mit den alten Buckelquadern aus rotem Buntsandstein.

Ich wünschte, die alte Seilersfrau würde sich jetzt neben mich setzen und mir ihre Geschichte erzählen.

Attentat im Bundesrichter-Block

Wo die erste RAF-Bombe explodierte

Solange ich mich erinnern kann, hatte das Gebäude nie einen anderen Namen als der Block. Der Block war grau und abweisend und man sah dort nie ein Kind. Irgendwie erinnerten mich die Häuser, die sich längs der Klosestraße, der Ebert-, der Schwarzwald- und der Schnetzlerstraße entlangzogen, an eine Kaserne. Die Fenster und die Eingangstüren des Häuserblocks waren überall nach dem gleichen Schema verteilt und an den vier Ecken des Karrees thronten riesige Terrassen, auf denen man nie einen Menschen sah.

Als Kind ängstigte mich der massive in sich geschlossene Häuserkomplex und erinnerte mich an eine Festung. In der Klose- und in der Schwarzwaldstraße gab es zwar kleine von akkurat geschnittenen Ligusterhecken eingesäumte Vorgärten mit Rosen- und Lavendelsträuchern, aber mein Bruder und ich, die hin und wieder in den Vorgärten der Umgebung auf Beutezug nach Mutters Lieblingsblumen gingen, hätten es nie gewagt, in einem dieser akkuraten Vorgärten, die den grauen Häuserblock einrahmten, auch nur eine einzige Blume abzubrechen.

Hier wohnen die Richter, erklärte Mutter, Bundesrichter. Was ein Bundesrichter ist, wussten wir nicht, aber schon allein das Wort hatte eine so abschreckende Wirkung auf uns, dass wir eingeschüchtert an den grauen Häusern vorbeischlichen, wenn uns Mutter mit dem Einkaufsnetz in den Konsumladen um die Ecke schickte.

71

Hier explodierte in einem roten VW die erste RAF-Bombe.
Die Zeugin Maria Schweimer, die sich mit Gartenarbeit rund um
das Haus fit hält, erinnert sich noch genau an das Attentat.

Einmal wurde ich von Neugier geplagt und wagte es, einen Blick in die Toreinfahrt des Hauses Nr. 36–38 zu werfen und wie überrascht war ich, als ich hinter der Fassade einen sonnendurchfluteten Innenhof mit einer riesigen von Pappeln eingesäumten Wiese entdeckte. „Spielen verboten" stand unübersehbar auf dem weißen Schild neben der Toreinfahrt. Hier hätte man nach Herzenslust herumtoben können, aber nirgends waren hier Kinder zu sehen, und es gab weder einen Sandkasten noch eine Wippe oder Schaukel. Ich erschrak, wie still es hier war und trat schnell den Rückzug an.

Hätte ich gewusst, dass hier jahrzehntelang der kinderfreundlichste Hausmeister lebte, wäre ich mutiger gewesen. Aber das dauerte noch ein paar Jahre, bis ich erwachsen wurde und hier in die Nr. 40 mit meiner kleinen Tochter einzog.

Mit offenen Armen nahmen uns Hausmeister Schweimer und seine Frau, die sich auch heute noch mit über 90 Jahren um die Gärten mit den Rosen und den Lavendelbüschen kümmert, auf. Mir schien es, als hätten die beiden, die selbst zwei ältere Töchter hatten, auf ein Kind gewartet, das sie verwöhnen konnten. Herr Schweimer drechselte die schönsten Tanzknöpfe für meine Vierjährige und zeigte ihr in seiner Werkstatt, wie man mit einer an einem Stock befestigten Schnur den hölzernen Kobold in einen wild tanzenden Kreisel verwandelt.

Unsere Mansardenwohnung war hell und freundlich und die lackierten Holzdielen, die bei jedem Schritt leise unter den Füßen knarrten und federten, vermittelten ein Gefühl von Wärme und einem Hauch von Luxus.

Wenn ich aus meinem Küchenfenster sah, grüßten mich die hohen Pappeln des Innenhofes und die riesige Fensterfront des Architekturbüros in der Ebertstraße, wo der berühmte Egon Eiermann einst die ersten Pläne auf dem Weg zu seinen internationalen Erfolgen entworfen hatte. Von hier aus konnte man sogar den Schwarzwald sehen. Nachts hörten wir die Züge im nur wenige Meter entfernten Bahnhof vorbeirattern und die Lokomotiven pfeifen.

Ich war glücklich im Haus Nr. 40, wo die hübsche Frau von Malermeister Wagner, die neben uns wohnte, mir und dem Kind ein leckeres Essen vor die Tür stellte, wenn wir aus den Ferien nach Hause zurückkehrten und der Kühlschrank leer war.

Ein Stockwerk unter uns wohnten die Campes, ein freundliches älteres Ehepaar ohne Kinder, das immer die Tür öffnete und dem Kind ein Stückchen Schokolade oder eine Leckerei zusteckten, wenn wir die Treppe im Flur heraufkamen. Einmal läutete das Kind mitten in der Nacht im Nachthemd an ihrer Tür, lief zielsicher auf das Schlafzimmer der Campes zu, kroch ins Ehebett und zog sich die Daunendecke über den Kopf. Hatte sie sich über ihre Mama geärgert, fühlte sie sich alleine gelassen oder hatte sie Alpträume? Das Haus mit unseren netten Nachbarn war unsere Arche und ich hatte längst vergessen, was für Ängste mir diese Häuser, die nach außen hin abweisend und nach innen hin so einladend waren, als Kind eingeflößt hatten.

Wie hätte ich ahnen können, dass ausgerechnet in dieser Idylle eines Morgens die Bombe explodieren und halb Deutschland in Angst und Schrecken versetzen würde? Ausgerechnet in meiner Straße begann ein neues Kapitel der Nachkriegszeit, das geprägt war von Terror, Bombenanschlägen, Erpressung und Mord.

Es war an einem Mai im Jahre 1972 und während mein Kind bei meiner Mutter in der Klosestraße und ich auf dem Weg zum Friseur um die Ecke war, hörte ich den Donnerschlag.

Die Explosion war so heftig, dass ich befürchtete, dass das Haus einstürzen würde. Mein erster Gedanke war das Kind. Ich lief zurück und sah, was geschehen war. Ein roter VW-Käfer war explodiert und eine Frau lag mitten auf der Straße vor der Hausnummer 38, der Toreinfahrt, die in den Innenhof des Wohnblocks führte. Sie wimmerte vor Schmerz: „Mein Bein, mein Bein."

Der Gehweg war übersät mit Glassplittern, das Dach des Volkswagen war aufgerissen und der Beifahrersitz war bei der Explosion herausgeschleudert worden. Auf dem Gehweg lagen verstreut zertrümmerte Autoteile und die Explosionssplitter hatten ein Loch in die Straßendecke gerissen und Steine aus der Häuserwand. Hausmeister Schweimer stürzte aus seiner Wohnung und brachte einen Stuhl für die verzweifelt wimmernde Frau.

Was genau passiert war, konnte man am nächsten Tag in der Zeitung, den Badischen Neuesten Nachrichten, lesen. Man erfuhr, dass die Frau des Bundesrichters Wolfgang Buddenberg jeden Tag ihren Mann zur Arbeit gefahren habe. Ausgerechnet an diesem Tag, als die Bombe bei der Zündung des Autos unter dem Beifahrersitz explodierte, war sie ohne ihren Mann losgefahren. Da stand auch, dass der BGH-Richter Buddenberg der beim Bundesgerichtshof zuständige Haft- und Ermittlungsrichter für über 120 laufende politische Verfahren ist. Aber wer steckte hinter diesem Attentat?

Jahre danach, als ich mich auf die Suche mache nach unmittelbaren Augenzeugen dieser Geschichte, treffe ich durch die Vermittlung von Klaus Schmitt seine ehemalige Kollegin Monika Weber, die damals alles aus nächster Nähe miterlebt hat. Wir sitzen in der Bahnhofstraße bei einer Tasse Kaffee und Monika Weber erinnert sich an den Tag des Attentats als wäre es gestern gewesen.

„Die Klosestraße, eine Idylle?", lacht sie. „Das dachten wir damals auch, bis zu dem Tag, als dort das Attentat geschah, das mich viele Jahre bis in meine Träume hinein verfolgen sollte."

Dieser Vormittag des 16. Mai 1972 war zunächst ein Tag wie jeder andere, geprägt von der üblichen Hektik des Bürobetriebs und von den Launen unseres Chefs, die ich mehr oder minder gelassen hinnahm. Als verantwortliche Sekretärin des technischen Bereichs eines großen Baukonzerns, der in der Klosestraße Nr. 38 seine Büros hatte, freute ich mich auf das Mittagessen mit meinen Kollegen im Hotel Ketterer am Bahnhofsplatz.

Einige Minuten vor 12 Uhr verließ der Leiter unserer Niederlassung das Büro und stieg in sein in der Einfahrt zum Innenhof geparktes Auto. Unmittelbar danach parkte neben der Einfahrt Wolfgang Buddenberg seinen roten VW-Käfer vor dem Haus.

Wir kannten die Familie Buddenberg, wussten auch, dass der Mann Richter beim Bundesgerichtshof war, aber näheren Kontakt zu dem Nachbarn hatten wir keinen. Er war, wie seine Frau, sehr distanziert.

Niemand von uns Angestellten ahnte, was für eine Funktion Buddenberg am BGH ausübte. Wir begrüßten ihn beim Verlassen des Büros wie jeden Tag, denn er kam fast immer zur gleichen Zeit zum Mittagessen nach Hause.

Wir saßen also im Ketterer beim Essen, unterhielten uns angeregt und wurden plötzlich aufgeschreckt durch einen lauten Knall. Die Scheiben klirrten und wir dachten an ein Eisenbahnunglück oder einen Unfall mit der Straßenbahn.

Wenige Minuten danach ertönten die Martinshörner und auf dem Rückweg ins Büro sahen wir, dass die Klosestraße abgesperrt war. Die Polizei hatte das ganze Gebiet abgeriegelt und ließ uns erst nach zähen Verhandlungen passieren.

Dann sahen wir den zerstörten VW der Buddenbergs, die umherliegenden Autoteile, den zerfetzten Autositz und überall Glassplitter und die schwer verletzte Frau des Richters, die stöhnend auf einer Trage lag und in den Krankenwagen gebracht wurde.

Die Straßen und die Gehwege boten ein Bild des Grauens. Einige Fenster in der unmittelbaren Umgebung waren zu

Bruch gegangen, auch die der Hausmeisterwohnung und im Besprechungszimmer unseres Büros.

Erst aus den Medien erhielten wir umfangreiche Informationen über die Hintergründe der Tat und erfuhren, dass Herr Buddenberg für über 120 politische Verfahren als Haft- und Ermittlungsrichter am Bundesgerichtshof verantwortlich war. Ja, damals hatten wir alle Angst und fürchteten uns vor neuen Anschlägen, vor allem auch deshalb, weil in unserer Hauptniederlassung in Frankfurt eine Bombendrohung eingetroffen war und das gesamte Bürogebäude geräumt werden musste."

Über vierzig Jahre ist das her. Für Monika Weber, die mir diese Geschichte erzählt hat, ist das alles, als wäre es gestern gewesen. „Was für schreckliche Jahre waren das", sagt sie. Nach dem RAF-Anschlag, der ja nicht Frau Buddenberg sondern ihrem Mann gegolten hatte, war sie über drei Monate im Krankenhaus und litt unter schweren Verletzungen und Depressionen.

Kurze Zeit nach dem Attentat tauchte ein Bekennerschreiben vom Kommando Manfred Grashof auf: „Buddenberg, das Schwein, kümmert sich einen Dreck um geltende Gesetze und Konventionen. Wir werden sooft und solange Sprengstoffanschläge gegen Richter und Staatsanwälte durchführen, bis sie aufgehört haben, gegen die politischen Gefangenen Rechtsbrüche zu begehen."

Wer hätte ahnen können, dass das, was damals in der idyllischen Klosestraße begann, fünf Jahre späte, am Gründonnerstag Ecke Moltke- und Hans-Thoma-Straße mit der Ermordung von Generalbundesanwalt Siegfried Buback und seinen beiden Begleitern Wolfgang Göbel und Georg Wurster blutig fortgesetzt würde?

Monika Weber lebt heute in einem idyllischen Haus, umgeben von Weinbergen, inmitten der Pfalz. Das Attentat im Mai 1972 in der Klosestraße wird sie ein Leben lang nicht vergessen.

Immer noch im Familienbesitz: die Bäckerei Gordani
gegenüber dem Badischen Staatstheater.

Die zauberhafte Welt
der Rita Gordani

Kuchen, Brot und Worte für die Seele

„Wolle sie was Süßes oder was Salziges oder wolle se erscht emal gucke?", fragt die rundliche Frau mit der weißen Kittelschürze und dem dunklen Haarknoten. Und während der Kunde genüsslich studiert, was alles in den Bäckereivitrinen und auf der Ladentheke angeboten wird, entwickelt sich ein freundlicher Dialog. Die Kundin deutet auf ein kleines Nusstörtchen, das in der Vitrine neben Nougatringen und Schokoladekuchen süße Begierden weckt. „Des und zwei Spitzweck", sagt sie dann entschlossen, „dass ich auch noch was für morge zum Frühstück hab."

Inzwischen herrscht in der Bäckerei der Rita Gordani Hochbetrieb. Die Stammkunden der nahe gelegenen Bank treffen ein. „Sieht sie nicht aus wie eine italienische Mama aus dem Werbefernsehen"?, sagt der junge Banker zu seinem Kollegen in Anzug mit Krawatte.

Und der andere ergänzt: „Was mich hier so anzieht ist das Tante-Emma-Laden-Flair. Heute, wo alles in Richtung Discounter geht, ist für mich die Bäckerei Gordani wie ein großes, gemütliches Wohnzimmer."

Während in der Familienbäckerei pausenlos die Ladentür klingelt, lächelt Rita Gordani ihr freundliches Madonnenlächeln, obwohl sie schon seit 4 Uhr 30 auf den Beinen ist, seit 6 Uhr früh belegte Brötchen schmiert, dem ausgefrorenen Zeitungsträger heißen Tee serviert und die ersten Stammkunden bedient hat. Die Bäckersfrau gehört nach Karlsruhe in die

Immer ein Lächeln für die Kundschaft:
die zauberhafte Rita Gordani. (Foto: BNN Archiv / jodo)

Baumeisterstraße 20 wie der Musengaul vor das gegenüberliegende Theater und die Pyramide auf den Marktplatz.

Schon als zwölfjähriges Mädchen kam Rita Gordani vor
über 50 Jahren aus einem kleinen Dorf in der Pfalz nach Karlsruhe, wo ihre Eltern Herbert und Elisabeth Lorenz die Bäckerei vom Vorgänger übernahmen.

Als ich der Bäckersfrau Rita Gordani zum ersten Mal be-
gegnete, war ich so verzaubert von der Atmosphäre, die im

kleinen Bäckerladen herrschte, dass ich über sie eine Geschichte schrieb, die die Zeitung dann veröffentlichte.

Acht Jahre ist das schon her. Und jetzt lese ich die Nachricht von ihrem Tod und habe das Gefühl, dass mit ihr der alte Bäckerladen seine Seele verloren hat.

Die große Friedhofskapelle ist bis auf den letzten Platz besetzt. Ein katholischer und ein evangelischer Pfarrer stehen einträchtig neben dem Sarg, um einer außergewöhnlichen Frau die letzte Ehre zu erweisen.

Der Pfarrer erzählt von der „unzeitgemäßen Bäckerei" in der Baumeisterstraße 20 gegenüber dem Theater. Einem Laden in einem alten, denkmalgeschützten Haus in der Südstadt, wo sich der Kunde zurückversetzt fühlt in die gute alte Zeit. „Ich kam zufällig vorbei, wollte mir nur ein Brötchen kaufen in einem Stadtteil, in den ich nur selten hinkomme", erzählt er. „Rita Gordani hat mich bedient und ihr freundliches, warmherziges Lächeln hat mich an meine Kindheit erinnert und Heimatgefühle in mir geweckt.

Das war vor zwanzig Jahren, und seitdem bin ich immer wieder in Frau Gordanis Laden zurückgekehrt, habe einen Umweg in Kauf genommen, wie so viele Stammkunden. Rita Gordani hat immer mit ihren Kunden geredet, sie hat sich nach meinen Kindern erkundigt und wenn ich ging, vergaß sie nie, mir ein Extrateilchen in die lila Bäckertüte zu stecken. Alle kamen, die Taxifahrer, die Leute vom Theater, die alten Menschen aus der Südstadt. Sie kannte ihre Geschichten, sie hörte zu und sie lächelte."

Nach dem Pfarrer spricht Enkel Daniel von seiner geliebten Großmutter und von dem tiefen Einschnitt, den ihr Tod in seinem Leben bedeutet. „Ich wusste nicht, dass ihr Tod mich reifer machen würde, ein Stück mehr zum Mann", sagt der 21-jährige Student.

Ich erinnere mich noch, wie er mir als 13-Jähriger am Wohnzimmertisch seiner Oma erzählte, dass er Bäcker werden wolle und jetzt schon „Spezialist für Zimtsterne" sei. Und jetzt steht er vorne neben dem Sarg seiner Großmutter und die Trauergäste sind tief beeindruckt von seiner Rede. „Ich bin so glücklich, dass ich so eine Oma hatte", sagt er und aus seinen Worten spürt man tiefe Zuneigung, die es allen schwer macht, ihre Tränen zurückzuhalten. Ein riesiger Trauerzug bewegt sich zum Grab. Ganz unterschiedliche Menschen schütteln dem verzweifelten Ali, dem Ehemann der Verstorbenen, die Hand. Viele haben Tränen in den Augen, die einfachen Menschen und die, deren Bild man aus der Zeitung kennt.

Enkel Benni will Fotograf werden. Vor ein paar Tagen hat er an einem Wettbewerb in Hamburg teilgenommen und auf Anhieb den ersten Preis gewonnen. Das Bild zeigt die Untergrundbahn in New York. Als letzten Gruß wirft er der Großmutter das Foto ins geöffnete Grab. Sie hätte sich gefreut, sie liebte Amerika, das Land, das sie mehrmals mit Ali, ihrem Ehemann, bereiste.

Wer hätte gedacht, dass sich hinter der bescheidenen Bäckereiverkäuferin eine so reisefreudige Abenteurerin verbarg, die ferne Länder liebte und so begeistert von Alaska war, dass sie das Land sogar zweimal besuchte?

„Sie kaufte immer so gerne Klamotten, wenn wir unterwegs waren", lächelt Ali und wischt sich die Tränen aus den Augen. „Ein feuerrotes Kleid zum Beispiel für den Opernball, wo wir zwanzig Jahre einen Stand hatten."

Ali, der Mann aus Teheran, erzählt von seiner Frau. 27 Jahre alt war er, als er zum ersten Mal die Bäckerei Lorenz betrat, die Ritas Eltern gehörte. Damals arbeitete er noch als Lagerverwalter bei den Amerikanern und brachte seine kleinen Cousinen ein paar Häuser weiter in den Kinderhort Ecke Rüppurrer- und Baumeisterstraße. Ali verliebte sich in Rita, die ihren Eltern in der Bäckerei half. „Meine Schwiegereltern waren gleich einverstanden mit unserer Hochzeit", sagt Ramazanali Gordani. Ali und Rita bildeten von Anfang an ein harmonisches Team mit den Schwiegereltern, die die Bäckerei nach dem Krieg gekauft hatten.

Später, nach seiner Frühpensionierung, unterstützte Ali seine Frau tatkräftig im Laden. Jeden Morgen, kurz nach drei Uhr standen die beiden auf. Er zog jeden Morgen die Läden hoch und öffnete pünktlich um 5.30 Uhr die Bäckerei, schenkte Kaffee aus für die ersten Stammkunden. Danach ging es Schlag auf Schlag bis abends um 18.30 Uhr. „Um sieben lag ich schon im Bett." Ein arbeitsames Leben, das unterbrochen wurde von vier Wochen Betriebsferien im Sommer, wenn die Gordanis auf Reisen gingen.

1986 legte Tochter Susanne ihre Meisterprüfung als Bäckerin und Konditorin ab. Wenn die junge Frau lächelt, wird man an das liebenswürdige Wesen ihrer Mama erinnert. „Unsere Eltern waren immer freundlich, und ich und mein Bruder Schahpour, der ebenfalls als Konditor in der Backstube steht, halten es wie sie", lächelt Susanne, schenkt Kaffee ein wie einst die Mama und stellt mir eines ihrer köstlichen Marzipan-Törtchen daneben.

Mohnschnitten und „Mutters Hilda-Brötchen" und an Weihnachten Springerle und Zimtsterne, das sind Susannes Spezialitäten. „Aber eigentlich alles!", sagt Susanne, die Mutter von Daniel und Benni. „Unsere Eltern haben nie von uns erwartet, dass wir das Geschäft übernehmen, aber ich liebe meinen Beruf und niemand hat mich je dazu gedrängt, auch nicht meine Eltern."

Susanne und ihr Vater Ali begleiten mich in den Hof. Ein einladender Hof direkt bei der Backstube mit fröhlich gedeckten Tischen und blühenden Tulpen und Narzissen. „Wer gerade Zeit hat, arbeitet hier im Gärtchen", sagt Susanne und lächelt ihren Bruder Schahpour in der weißen Jacke des Konditormeisters an. Er wohnt im Hause seiner Eltern und seine Schwester lebt mit ihrer Familie nur ein paar Häuser weiter in der Marienstraße.

Die Gordanis halten zusammen nach dem Motto: „Frieden ernährt, Unfriede verzehrt." Ein Spruch, der zu den Gordanis passt und zu ihrer verstorbenen Mutter, der wunderbaren Bäckersfrau, die mit 71 Jahren ihren gewohnten Platz hinter der Ladentheke für immer verlassen hat.

Draußen vor dem Geschäft macht mich Susanne auf die alte Hausfassade aufmerksam. „Durch die Ladentür ist schon mein Großvater gegangen. Wir sollten einiges renovieren. Es bröselt hier und dort, aber das Haus steht unter Denkmalschutz."

Und wie wird es weitergehen mit der zauberhaften Welt der Rita Gordani? Sie wird nicht untergehen und weiter leben im Lächeln ihrer Kinder und Enkel, im Duft von Susannes und Schahpours Backwaren, im Geschmack der Marzipan-Törtchen, der Hilda-Brötchen und Zimtsterne und in der Erinnerung der Menschen, die ihr begegnet sind.

Das ungewöhnliche Leben des Georg Fricker

Die Schauburg oder das blaue Wunder

Immer, wenn ich das Foyer der Schauburg betrete, erwartet er mich. Er sitzt an einem runden weißen Plastiktisch in der Ecke rechts hinten unter dem pompösen Treppenaufgang, der in den oberen Kinosaal führt. Er wirkt bescheiden unter dem riesigen Kronleuchter, der die goldfarbenen Wände bestrahlt. Das soll der Hausherr sein? Der Mann, der sein Leben dem Kino verschrieben hat und unberührt von jeder Kritik immer einen totsicheren Riecher hatte für echte Filmkunst und unbekannte Außenseiter, denen er eine Chance gab, lange bevor ein Film in Hollywood für den Oscar oder in Berlin für den Goldenen Bären nominiert wurde. Ja, das ist Georg Fricker, die deutsche Filmtheater-Legende, der wiederholt offiziell ausgezeichnet wurde für das anspruchsvollste Kinoprogramm Deutschlands. Stars und Sternchen sind in seinem Haus ein- und ausgegangen, aber auch große Regisseure und unbekannte junge Filmemacher, die bei Fricker die Chance bekamen, ihr Werk aufzuführen.

Die Schauburg ist sein Haus, sein Traum und seine Wirklichkeit, wo er arbeitet und wohnt, Plakatwände schleppt, umbaut und immer neue Ideen entwickelt. Kino-Frühstück und Opernpremieren für Studierende der Musikhochschule, aber auch Weltpremieren mit Direktübertragung aus der MET.

Und obwohl dieser Fricker schon über sechs Jahre tot ist, haben seine alten Freunde immer noch das Gefühl, dass er unsichtbar in der Ecke auf seinem Stammplatz sitzt und darauf

Hier geht den Freunden der Filmkunst das Herz auf:
die Schauburg in der Marienstraße.

wartet, dass die Besucher einströmen und im Saal das Licht verlöscht. Georg Fricker hat der Schauburg seinen Stempel aufgedrückt und meine Freundin Iris Koehler sagt: „Manchmal möchte ich ihm am liebsten seine Linzertorte backen, die er so gemocht hat, oder wenigstens an seinem Stammplatz sein Foto aufhängen, weil ich ihn immer noch hier sitzen sehe."

Irgendwann kam mir der Gedanke, ein Buch über meine Stadt zu schreiben mit dem Titel „Vom Glück in Karlsruhe zu leben". Als ich mir überlegte, welche Menschen mir wichtig sind in meiner Stadt, fiel mir Georg Fricker, der Kinobesitzer ein. Wie viele schöne Stunden verdankten Bernhard und ich der „Schauburg".

„Unmöglich", sagte Fricker barsch, als ich ihn darauf ansprach. „Ich habe gar keine Zeit, und schreiben kann ich auch nicht." Aber irgendwann an einem schönen Sommerabend saß dieser Fricker auf unserem Balkon in der Bahnhofstraße und erzählte uns seine Lebensgeschichte.

Vor uns auf dem kleinen Marmortischchen auf dem Balkon stand eine Flasche „Alder Gott". Vom Stadtgarten herüber tönte das Geschrei der Pfauen und das Heulen der verliebten Seelöwen und Georg Fricker erinnerte sich an das zehnjährige Flüchtlingskind, das mit seinen Eltern nach dem Krieg aus dem kleinen Ort Zsambek bei Budapest nach Bruchhausen verschlagen wurde und ganz unglücklich war, weil es Schwierigkeiten mit der deutschen Sprache hatte.

Nach der Schule machte Fricker eine Lehre als Einzelhandelskaufmann im Kaufhaus „Union", dem späteren Hertie, landete in der Kurzwaren- und Stoffabteilung und beriet die schneidernden Damen der High Society mit so viel Einfühlungsvermögen, dass er schon bald zum Berater modebewusster Damen avancierte. Aenne Burda vom Burda Verlag und Hanna Klotz, die Frau des damaligen Oberbürgermeisters, selbst gelernte Damenschneiderin, wollten nur von dem „netten jungen Mann, dem Herrn Fricker", bedient werden. Der

*Georg Fricker bei einem seiner Besuche bei den Autoren
Doris und Bernhard Lott in der Bahnhofstraße.*

allerdings träumte weniger von einer Karriere in der Mode-
branche als vom geliebten Kino, dem schon als Bub sein Herz
gehörte. Als Kind marschierte er sonntagnachmittags vorbei
an den zerschossenen Panzern von Bruchhausen nach Ettlingen ins „Union", dem kleinen Kino an der Ecke, wo heute
das Vogelbräu ist. „Andere gehen auf den Fußballplatz, wo
es nichts kostet, und du musst dein Geld fürs Kino ausgeben",
rügte ihn der Vater. „Mein Vater war in Ungarn Bauer gewesen, hatte Wein, Weizen und Knoblauch angebaut und jetzt
musste er sein Geld als Anstreicher verdienen", erzählte Georg
Fricker.

Das war der Anfang der „wahren Geschichte" des Georg Fricker, die nicht einmal seine Freunde kannten und in Karlsruhe hielt sich hartnäckig das Gerücht, dass dieser Fricker die „Schauburg" von einem reichen, kinderlosen Verwandten geerbt habe.

Nichts von all dem traf zu. Mit 18 Jahren organisierte der junge Mann Kinovorführungen in Gemeindesälen und irgendwann erwarb er sich einen Wandergewerbeschein und auf Pump 16mm- und 35mm-Projektoren und fuhr mit einer Art Bus-Goggomobil mit Lautsprecher durch die Straßen und gab bekannt, dass der Film „Zwei Bayern in St.Pauli" gegeben werde und dass der Eintritt 1,20 Mark kostet. Pfarrer Huber von Sankt Michael in Karlsruhe lud den bescheidenen jungen Mann manchmal sogar zum Mittagessen ein. „Einmal, als der Bischof kam, gab es sauren Wein, den ich nicht mochte. Es war eben ein trockener Wein, den ich als junger Mann nicht zu schätzen wusste."

Das war der Anfang der Kino-Karriere des Georg Fricker, der irgendwann im Schaukasten des „Pali" in der Herrenstraße auf dem Weg zur Arbeit eine Annonce entdeckte „Theaterleiter-Assistent gesucht". Fricker bewarb sich, bekam die Stelle und lernte bei Emil Müller alles, was zum professionellen Kino-Business gehört. Irgendwann hatte er den Mut zum Sprung ins kalte Wasser. Auf Wechsel erwarb er verschiedene Kinos wie in Untergrombach die Oase-Lichtspiele, die Schwanen-Lichtspiele in Friedrichstal und das älteste „Land-Kino" in Baden, Ulm-Lichtenau bei Bühl. In der Schillerstraße 18, wo er fünf Jahre lang wohnte, richtete er sich eine Werkstatt zur Reparatur von Filmprojektoren ein.

Immer noch sitzen wir auf unserer Terrasse, Bernhard schenkt den „Alden Gott" nach, manchmal stellen wir eine Frage und Georg Fricker, der eigentlich ein Macher und Schaffer und kein Plauderer ist, vergisst die Zeit.

Ein langer Sommerabend wird das, und ich nutze die Gunst der Stunde und schreibe Frickers Erinnerungen auf. Er erzählt von der Zeit, als der Flüchtlingsbub nach der Schule auf einem Bauernhof in der Nähe von Ettlingen nach sechs Stunden Arbeit das erste Geld, eine Mark, für sein geliebtes Kino verdiente, bis hin zum ersten Kontaktgespräch mit Willy Mansbacher, dem Besitzer der „Schauburg".

„Damals war überall das Kino auf dem absteigenden Ast. Das große Kinosterben hatte eingesetzt und die größten Erfolge waren Filme wie „Partnertausch und Gruppensex" und „Gräfin Porno aus Ekstasien". Als der junge Fricker bei Mansbacher einen Saal mieten will, lacht der ihn aus: „Mieten können Sie bei mir nichts, aber alles kaufen."

Und der junge Fricker kauft, renoviert das große Haus mit seinen knapp tausend Plätzen, schlägt alle Warnungen der Filmtheater-Kollegen, die die große Pleite prophezeien, in den Wind und krempelte die Ärmel hoch: „Ich hab die Putzfrauen entlassen, sogar die Toiletten selber geputzt, nachts Plakate geklebt, mich ganz eingebracht."

So war das am Anfang. „Du wirst dein blaues Wunder erleben mit der ‚Schauburg', lass die Finger davon", hatten die Kollegen gewarnt. Was dann passierte, war auch so eine Art Wunder. Die Schauburg wurde zum Mekka der Kinofans. Die wirklich guten Filme gab es nach dem Urteil der Studenten nur in der Südstadt. In der Schauburg. Das Karlsruher Publikum gab dem Fricker, der von Anfang an auf Kinoprogramm mit Niveau setzte, Recht. Als er sich in Bonn um eine Auszeichnung für das anspruchsvollste Kinoprogramm bewarb, gewann er auf Anhieb den zweiten und dann den dritten Preis. 25.000 Mark. „Die Stadt hat mir keinen Pfennig Zuschuss gegeben, aber ich bedauere nichts. Was ich in Karlsruhe auf die Beine gestellt habe, konnte ich nur hier machen."

Am 7. Juni 2008 starb Georg Fricker. Ein Datum, das ich nie vergessen werde, weil am gleichen Tag auch Bernhard von mir ging. In der Kirche unserer Lieben Frau in der Südstadt gedenkt man der Toten der Gemeinde. Fünf kleine Lampen brennen auf den Altarstufen, die den Namen der Verstorbenen vom Juni 2008 tragen. Am Ende des Gottesdienstes dürfen die Angehörigen die Kerze mit nach Hause nehmen. Ein Lichtlein flackert einsam vor sich hin. Niemand hat es abgeholt. Ich lese den Namen: Georg Fricker, geb. 1936, gestorben am 7. Juni 2008.

Das im Krieg zerstörte „Bürklin'sche Palais", wo heute das SWR-Studio steht; links davon Linde Kimmichs Haus.

Puppenhaus und Perlentäschchen

Linde Kimmich und ihr kleins Paradies

Es ist ein außergewöhnliches Haus, ein Schmuckstück aus einer vergangenen Zeit, in der die Bürger nach dem gewonnenen Deutsch-Französischen Krieg 1871 Wohlstand und ein neues Selbstbewusstsein erwarben. Sie bauten Wohnhäuser, die mittelalterlichen Burgen oder kleinen Loire-Schlössern glichen, mit hohen Räumen und repräsentativen Gärten vor und hinter den Prunkfassaden.

Auch auf Karlsruhe fiel damals ein Abglanz der Berliner Großstadt-Herrlichkeit und Luise von Preußen, die Tochter Kaiser Wilhelms I., die mit dem Großherzog Friedrich von Baden vermählt wurde, brachte neuen Glanz in die badische Residenz. In der Zeit der Gründerjahre wurde auch das Haus in der Kriegsstraße 172 erbaut, die damals vor zweihundert Jahren noch idyllisch und ohne jeden Verkehrslärm war und die Hausnummer 64 trug.

„Das Haus ist meine Burg", sagt die heutige Besitzerin Linde Kimmich, die seit über 64 Jahren hier lebt. „Als das alte Hinterhaus im Krieg zerstört wurde, beschloss die Familie, hier ein neues Labor für Zahntechnik zu bauen, eine großzügige Terrasse anzulegen und den Garten neu zu gestalten", sagt die alte Dame.

Auf dem Nachbargrundstück, wo sich vor dem großen Bombenangriff das prachtvolle Bürklin'sche Palais mit der Badischen Hochschule für Musik befand, steht heute der nüchterne blaugraue Kubus der modernen Nachkriegsarchitektur, das SWR-Rundfunkgebäude. „Eine ewige Baustelle, aber nette Nachbarn, die mich zu ihren Festen einladen", sagt die alte Dame und zeigt voll Stolz ihren Garten mit den beiden Teichen, über die ein Brückchen führt. Eine Oase zur Hofseite hin mit Stauden und Blumenrabatten und einer steinernen chinesischen Laterne, aus dem Garten des Seldeneck'schen Schlösschens, wo sie schon die in Karlsruhe geborene Dichterin Marie Luise Kaschnitz als Kind bewunderte.

Nie hätte Linde Kimmich gedacht, dass sie den 200. Geburtstag ihres Hauses noch erleben würde. Immer noch führt sie kleine Reparaturarbeiten selbst aus und hält das Haus für ihre Nichte und ihren Neffen, die es einmal erben sollen, in Schuss.

Im Vorgarten wachsen üppige Rosenbüsche und blühende Glyzinien überwuchern die Sandsteinbalkone. Stockrosen lugen neugierig über die Gitter auf den grauen Asphalt, wo der Verkehr Tag und Nacht nicht zur Ruhe kommt. Hinter den Rundbogen der Fassadenfenster aus dem 19. Jahrhundert hat sich Linde Kimmich ihr Reich geschaffen. Hier stehen die alten Biedermeiermöbel ihrer Mutter und an den Wänden hängen die Bilder ihrer Ahnen und die Gemälde bekannter Karlsruher Maler. Im Erdgeschoss des Hauses, das Linde Kimmichs Schwiegervater 1928 erwarb, befindet sich auch heute noch wie damals eine Zahnarztpraxis. Von der imposanten Eingangshalle aus mit ihren alten Urkunden und mächtigen Jagdtrophäen erreicht man die Beletage des Wohnhauses mit großzügigen hellen Räumen, deren Nischen mit den edlen Möbeln und den kostbaren Vitrinen zum Verweilen einladen.

Ein Jahr vor der Jahrhundertwende entdeckte die Hausbesitzerin in der Zeitung eine Notiz, in der die Stadt Rottweil dazu aufrief, einen Beitrag für eine Millenniumpost zu verfassen. Das war 1999 und Linde Kimmich hatte eine Idee. Sie schrieb die über 100-jährige Geschichte ihres Karlsruher

Hauses auf, und die Rottweiler deponierten sie in einer riesigen Metallbox, in die auch Nobelpreisträger Günther Grass seinen Beitrag eingeworfen hatte.

„Die Briefe wurden in eine Grube versenkt und sollen nach 100 Jahren an meine Nachfahren geschickt werden, damit sie wissen, was wir uns einst für Zukunftsgedanken gemacht haben. – Ich glaube, dass ich mit meiner Geschichte mehrere Bänder füllen könnte", seufzt sie.

Schon über 64 Jahre teilt Linde Kimmich das Schicksal dieses Hauses, wo sie schon als Kind ein- und ausgegangen ist. Wie hätte sie ahnen können, dass sie eines Tages Burgherrin und ganz allein für das Wohl und Wehe ihres geliebten Hauses verantwortlich sein würde?

In Linde Kimmichs Rottweiler Jahrhundertbrief kann man nachlesen, dass im Jahre 1873 der kirchliche Bauinspektor Ludwig Diemer und seine Frau das dreistöckige Haus geplant und aufgebaut haben. 1928 kaufte der Dentist Emil Kimmich das Anwesen, das trotz Not und Krieg auch heute noch im Besitz der Familie ist und bleiben soll.

Linde Kimmich ist eine energische Frau, die es bei aller Entschlossenheit nie an Diplomatie und Liebenswürdigkeit im Umgang mit anderen Menschen fehlen lässt. „Von meinem Vater, der in Pommern geboren wurde, habe ich die Energie und die Disziplin geerbt. Nie hätten wir Kinder es gewagt, uns gegen ihn aufzulehnen oder ihm zu widersprechen. Wenn er pfiff, standen wir Gewehr bei Fuß. Als ich 1953 beschloss, den Führerschein zu machen, da fand er das ganz unmöglich für eine Frau. Mutter stammte aus Mainz und hat mir ihren Humor und ihre künstlerische Begabung vererbt."

Das Haus der außergewöhnlichen Karlsruherin birgt ungeahnte Schätze wie die Kollektion von Perlentäschchen, die sie gesammelt, restauriert und neu bestickt hat. „Schauen Sie, da gibt es Modelle, die noch meine Mutter entworfen und gestickt hat. Nie war sie untätig und so geschickt im Umgang

Linde Kimmich, Herrin im Hause der Puppen und Perlen.

mit Holz, eine Begabung, die auch mein Bruder geerbt hat, zu dem ich heute noch ein ganz enges Verhältnis habe und dessen handwerklich-künstlerischer Begabung ich vieles in diesem Haus verdanke."

Liebevoll streicht die alte Dame über ein hölzernes Kästchen, eine Art Reiseköfferchen mit mehreren Schubfächern für die Aufbewahrung von Puppenkleidern. „Das hat meine Mutter aus einem alten Zigarrenkistchen für mich gemacht und so ausgestattet, dass ich unterwegs auf Reisen damit spielen konnte."

Überall in der gemütlichen Wohnung gibt es Biedermeiersessel mit alten Gobelin-Stickereien, Glasvitrinen und kostbare Kaminuhren, deren Glockenschlag schon Generationen begleitet hat.

Linde Kimmichs Leben ist ohne dieses Haus nicht denkbar. Auf Schritt und Tritt begegnet sie hier ihren Erinnerungen. Schon als Kind hat sie ihren Mann gekannt, der, als er später nach dem Krieg und jahrelanger Gefangenschaft aus Russland zurückkehrte, ihr Ehemann wurde. „Als kleines Mädchen hat mir Werners älterer Bruder Wolfgang viel besser gefallen als er. Mein Mann war ein richtiger Lausbub und er hat keine Gelegenheit zum Feiern ausgelassen. Der ältere Bruder war charmant, liebenswürdig und eher zurückhaltend." Als die spätere Schwiegermutter die kleine Linde einmal im Scherz fragte, wen von den beiden Brüdern sie später einmal heiraten wollte, antworte das Mädchen spontan und direkt: „Keiner von denne zwei ...“

Lindes Vater wurde 1923 Direktor der Kammer-Kirsch AG in der Hardtstraße. 1951 zogen ihre Eltern in die Seldeneck'sche Villa, dem Haus, wo die Dichterin Marie Luise Kaschnitz geboren wurde.

Linde kam 1922 und ihr Bruder fünf Jahre später in Karlsruhe zur Welt. „Die Stadt und das Wohnviertel haben mich niemals losgelassen", sagt die 92-jährige Linde Kimmich, für die Karlsruhe auch heute noch an der Pyramide aufhört. „Die Südstadt und die Oststadt waren gewissermaßen tabu", lacht sie, „die habe ich nie betreten".

Als Kind besuchte Linde Kimmich die Südendschule und später, nach dem Umzug der Eltern, die Gutenbergschule. Im Lessing-Gymnasium legte sie das Abitur ab, und da sie schon immer künstlerische Neigungen hatte, studierte sie an der Kunsthochschule das Fach Stoffdruck.

Nach fünf Semestern beendete der Krieg ihr Studium. Linde wurde zum Arbeitsdienst eingezogen und danach folgten sechs Monate Kriegshilfsdienst als Schaffnerin bei der Karlsruher Straßenbahn. Nach dem Krieg kam dann das Angebot vom späteren Schwiegervater: „Willst du nicht Dentistin werden? Zahnweh hawwe die Leut immer, Kunscht brauche se net unbedingt". Das Argument war überzeugend und so wurde Linde Kimmich von ihrem späteren Schwiegervater zur Dentistin ausgebildet.

Als der junge Werner 1947 aus russischer Gefangenschaft zurückkam, heiratete Linde ihren Lausbub und zog nach dem Wiederaufbau des zerbombten Hauses mit ihrem Mann zu den Schwiegereltern in die gemeinsame Vierzimmerwohnung.

„Werner war ein herzensguter und humorvoller Mensch und ich habe meine Entscheidung nie bereut, aber mit Büroarbeiten und Geld hatte er nichts am Hut. Seine große Liebe gehörte der Jagd". Die junge Frau krempelte die Ärmel hoch und ihr Mann, der gern mit seinen Jagdfreunden und Kollegen im ausgebauten Jagdkeller feierte, wusste, dass er sich auf seine tüchtige Linde verlassen konnte.

Dennoch, mit der Verwandtschaft in derselben Wohnung zu leben, war ein Problem. „Die hat mer grad noch gfehlt", meinte Bertel, die jüngere Schwester von Lindes Schwiegermutter, als sie erfuhr, dass Linde in die Praxis kommen sollte. „Die Tante Bertel war alles in einer Person: Guter Geist und

Haus- und Hofhund, Sprechstundenhilfe und Sekretärin, tüchtig, aber auch ein richtiges Kreuz."

„Gelitten unter Pontius Pilatus", lautete der Standardspruch, eines Verwandten, der Lindes schwierige Situation in der gemeinsamen Wohnung kannte.

Immer schwerer wurde es für die junge Frau, Beruf und Haushalt unter einen Hut zu bringen. Eine Mitbewohnerin im Haus, die öfter auf die Philippinen fuhr, versprach der jungen Frau Kimmich, sich dort nach einer Haushaltshilfe für sie umzusehen. Probeweise, wie sie versicherte.

So kam die 26-jährige Aurora Catabay ins Haus der Familie Kimmich, wo sie auch heute noch lebt.

„Der Abschied von den Philippinen muss wohl etwas heftig gewesen sein", schmunzelt die alte Dame, „denn neun Monate später gebar die junge Frau ein kleines Mädchen, die Marla, die in unserer Familie aufwuchs und heute selbst wieder ein Kind hat. Wir haben uns aneinander gewöhnt nach all den gemeinsamen Jahren, und Aurora hat mir versprochen, bei mir zu bleiben, solange ich lebe."

Lange hatte es damals gedauert mit der Aufenthalts- und Arbeitserlaubnis für die junge Philippinin. Als dann ihr Kind, die Marla, ohne Papiere eingeschult werden sollte, regelte das Rektor Max Villringer von der Leopoldschule auf seine unkonventionelle Art.

„Die steht ja gar nicht auf der Liste", sagte damals die Schulsekretärin erstaunt. „Dann schreiben Sie sie halt drauf", sagte Villringer. So wurde Marla eingeschult.

Die Anfangsjahre waren für alle Kimmichs nicht leicht und alle mussten Opfer bringen, „aber ich habe das alles nie bereut", sagt die alte Dame, „auch wenn es schwer war in ein Haus einzuziehen, wo bereits eine ganze Dentisten-Dynastie regierte".

„Ich musste mich halt auf die Hinterfüße stellen, um mich gegenüber meiner Schwägerin und meiner Schwiegermutter zu behaupten", sagt Linde Kimmich. „Ich war erst richtig frei, nachdem alle gestorben waren, da begann mein Leben!"

Immer noch ist sie eine couragierte Frau, die offen die Dinge beim Namen nennt. Keine Minute ist die 92-jährige untätig. Mit Akribie und Engelsgeduld studiert die ehemalige Dentistin alte Muster und historische Vorlagen für ihre Theatertäschchen, trennt brüchig gewordene Stücke auf, wäscht Tausende von kleinen Perlchen und setzt sie neu zusammen, bestickt die alten Gobelinsessel im Biedermeierzimmer und begeistert sich für ihr Puppenhaus, das mit allen Raffinessen ausgestattet ist und ein halbes Zimmer ausfüllt.

Ein perfektes Heim für Puppenkinder mit gefliester Küche und noblem Salon und elektrischem Kronleuchter, besetzt mit Swarowsky-Steinen. Sogar eine Toilette gibt es im Puppenhaus und einen Fahrstuhl, der auf Knopfdruck über vier Etagen gleitet.

Plötzlich schlägt irgendwo im Raum eine Uhr: „Ich bin sicher, dass die Dichterin Marie Luise Kaschnitz diese Uhr im Haus ihres Großvaters, im Seldeneck'schen Schlösschen als Kind schlagen hörte", sagt Linde Kimmich. Es ist als habe das Haus eine Seele. Jedes Gemälde erinnert an eine bestimmte Zeit, jeder Gegenstand kann eine Geschichte erzählen, die verflochten ist mit der Biographie der Eltern oder Schwiegereltern der heutigen Besitzerin.

Mit 64 Jahren starb Werner Kimmig und sie blieb zurück in dem Haus mit der treuen Aurora und deren Kind.

Als Linde Kimmig 65 Jahre alt wurde, hörte sie auf zu praktizieren. Es kam die Zeit des Mundschutzes, der Gummihandschuhe und der Computer. „Nichts für mich, ich habe immer die menschliche Nähe gebraucht, und so ist es auch heute noch."

Und wie wird eine so dynamische Frau mit dem Alter fertig? Linde Kimmich lächelt. Gerade hat ihr Untermieter, ihr Großneffe, der unterm Dach seine Studentenbude hat, bei seiner Tante geläutet. „Wo ist eine Vase?", fragt er und zeigt auf den Sommerblumenstrauß, den er ihr mitgebracht hat. „Ich liebe die jungen Leute und auch das Älterwerden ist für mich ein richtiges Abenteuer, weil ich all das miterleben darf, was die jungen Leute heute so umtreibt und was ältere Herrschaften oft schockiert. Ich weiß noch, wie mein Vater entsetzt war, als ich zum ersten Mal Lippenstift benutzte. Der Schock für die Eltern war nicht anders, als wenn sich heute ein junger Mensch tätowieren lässt. Alles wiederholt sich, und ich bin mittendrin und habe das Gefühl, dass ich eine Brücke sein darf von einer Generation zur andern."

Das Weltzienhaus, eines der umstrittensten Gebäude.

Musikunterricht im historischen Gemäuer, wo zeitweise die Hochschule für Musik untergebracht war. Am Flügel Prof. Sontraud Speidel und ihr Meisterschüler, der Pianist und Komponist Frank Dupree.

Ein Haus kämpft ums Überleben

Journalist Josef Werner rettet das Weltzienhaus

Manchmal schreibt man Geschichten, die gar nicht geplant waren. Über Häuser, Menschen und Schicksale wollte ich berichten und unterhalte mich darüber mit meinem alten Freund Josef Werner, der viele Jahre lang als Lokalchef und stellvertretender Chefredakteur der Badischen Neuesten Nachrichten die Karlsruher Nachkriegszeit beschrieben hat. „Am liebsten wäre ich Architekt geworden", hat er mir einmal erzählt, „aber dann bin ich zur Zeitung gegangen."

Die Liebe zur Architektur blieb, und so verdanken die Karlsruher dem Kämpfer für die Erhaltung schützenswerter Architektur die Rettung einiger alter Häuser und auch Bäume, die ohne sein journalistisches Engagement der Zerstörungswut der Planer und Profitgeier zum Opfer gefallen wären.

„Vergiss das Weltzienhaus nicht", sagt er mir beim Abschied, „es gehört wie die Fassade von Karstadt zu den Gebäuden, für die ich mit der Feder gekämpft habe und die ich retten konnte."

Wenige Tage später erreicht mich ein Brief von Josef Werner mit einer Sammlung von Zeitungsartikeln und Leserbriefen, die seinen Kampf um das Weltzienhaus dokumentieren.

„Ich bin sicher, dass über kein Gebäude der Nachkriegszeit soviel diskutiert und in der Zeitung veröffentlicht wurde, wie über das Weltzienhaus", schreibt er in seinem Brief.

Kurz darauf mache ich mich ans Studium der Unterlagen, setze mich auf mein Fahrrad und schaue mir das Weltzienhaus in der Karlstraße 47 an. Wie eine gelbe Nase flankiert es spitzwinklig die Karl- und die Herrenstraße und lenkt den Blick zum Karlsruher Schlossturm.

Nichts ist so traurig und erinnert einem so sehr an die eigene Vergänglichkeit wie ein verlassenes Haus mit verschlossenen Türen und einer stummen Klingel.

Nachdem das renovierte Haus viele Jahre lang von Lehrern und Studenten der Musikhochschule genutzt wurde, ist es nach deren Umzug auf den neuen Campus beim Gottesauer Schloss in einen Dornröschenschlaf verfallen. Der Wind rüttelt an den geschlossenen Fensterläden, die gelben Hauswände sind über und über mit Graffiti besprüht, und im Vorgarten sammelt sich der Müll. Das Haus trauert, und ich wünsche mir, dass die Verheißung auf dem Plakatständer, der vor dem verlassenen Haus steht, in Erfüllung gehen möge: „Die Götter kommen" lese ich auf dem Poster, der für die Antikenausstellung im Schloss wirbt.

Mir fällt ein, wie enttäuscht wohl Josef Werner, der in den Sechzigerjahren so leidenschaftlich für die alte Stadtvilla aus dem Jahre 1825 gekämpft hatte, bei diesem Anblick wäre.

Die aufgestaute Wut der alten Karlsruher gegen die Versicherung, die das schöne alte Gebäude zwischen Herren- und Karlstraße abreißen wollte, fand ihren Niederschlag in einer Flut empörter Leserbriefe an die Zeitung. Von systematischer Stadtzerstörung war da die Rede und von der Rücksichtslosigkeit der Aachener-Münchener, die nur an ihren Profit dachte. Nicht nur Josef Werner, sondern auch überregionale Zeitungen wie der „Rheinische Merkur" informierten über die Methoden einer Versicherung, die trotz aller Proteste und Angebote der Stadt, die vorübergehend „weich" geworden war, auf ihrem Recht bestand, die alte Villa im Weinbrennerstil abzureißen. Die Versicherung beharrte darauf, auf ihrem Gelände ein modernes sechsstöckiges Bürogebäude im „Schubladenstil" zu errichten.

„Das Weltzienhaus muss abgerissen werden, die Aachener-Münchener besteht darauf", so die Schlagzeile vom 24. November 1961 in einem Artikel von Josef Werner, der die Karlsruher wachrütteln sollte. „Was der Krieg übrigließ, reißt eine gefühlsarme, übermütige Versicherungsgesellschaft hemmungslos ein. Die ganze Stadt müsste sich empören über so viel Rücksichtslosigkeit und Unverstand." Ausführlich schildert der Journalist, wie die Versicherung die Angebote der Stadt und des Staates abgelehnt hatte, auf ein entsprechendes Gelände gegenüber dem Tullabad, wo später das Parkhotel errichtet wurde, auszuweichen. Die beigefügte Skizze des geplanten Verwaltungsgebäudes zeigte einen dieser gesichts- und seelenlosen Büroriesen, die auch den Künstler Emil Wachter empörten.

„Das Wissen um Maße fehlt uns heute mehr als das Geld. Aber, wo das Geld ist, da ist die Macht. Wenn es so etwas gibt wie die Seele einer Stadt, eben das, was man lieben kann, dann wird sie mit dem Abriss des Hauses nach und nach verkauft", schrieb er in einem Leserbrief . Und am 25.11.61 empörte sich der „Greif", alias Josef Werner, in seinem Kommentar „Rund um die Pyramide":

„Es muss jeden, der seine Heimatstadt liebt, ins Innerste empören, wenn er ohnmächtig mit ansehen muss, wie bedenkenlos ein Besitz ausradiert wird, der ja allen gehört. Am Beispiel Weltzienhaus zeigt sich, dass der Denkmalschutz nur akademischen Wert hat und die Denkmalpfleger, denen historischer Besitz lieb und teuer ist, hoffnungslos auf der Strecke bleiben."

Das bestehende Denkmalschutz-Gesetz war so lasch gefasst, dass es zur Rettung des Hauses nicht ausreichte. Minister Dr. Veit und seinem Aufruf im Landtag ist es zu verdanken, dass in letzter Minute ein neues Denkmalschutz-Gesetz verabschiedet wurde.

Zu irgendetwas ist Unglück immer gut, besagt ein französisches Sprichwort. Den Karlsruhern wurde beim Kampf um den Erhalt des Weltzienhauses bewusst, dass sie nicht länger passiv bleiben durften. „Angetrieben von einem Geschäftsdenken, das im grotesken Gegensatz zu den Kulturspenden – womöglich der gleichen Firmen – steht, haben in Karlsruhe dazu geführt, dass der einst so bedeutende Besitz an Bauten der klassizistischen und romantischen Epoche immer kleiner wird", kommentierte der „Rheinische Merkur" und zählte auf:

„Abriss des ehemaligen Hoftheaters, keineswegs irreparabel, Abriss des Ständehauses, des ersten frei gewählten deutschen Parlaments, wo schon Johann Peter Hebel die Festrede gehalten hatte und wo sich zum ersten Mal in der deutschen Geschichte der Wille zur Demokratie auch äußerlich in einem historischen Gebäude aus Stein dokumentierte, und jetzt noch das Weltzienhaus. Was die Bomben nicht umwerfen konnten, stößt nun die unheilige Dreifaltigkeit aus staatlichem, städtischem und kommerziellem Zweckdenken in den Untergang."

Das Wunder geschieht „fünf Minuten nach Zwölf". Am 13. Dezember 1961 wird die Nachricht zur Gewissheit. Das Weltzienhaus wird in letzter Minute vor dem Abriss gerettet. Am 31. Juli 1965 zieht neues Leben in die alte Villa ein. Erst belegt das Amt für Denkmalpflege die renovierte Stadtvilla, später die Musikhochschule.

Das ist über fünfzig Jahre her. Ich bange um das alte Haus, das seit dem Auszug der Musikhochschule zunehmend verwahrlost.

Am 6. Februar 2014 entdecke ich, dass sich wieder einmal neues Leben in dem alten Gemäuer regt. Das Tor ist geöffnet. Auf dem Balkon im ersten Obergeschoss über dem Vorgarten leuchtet das gelbe Hemd eines Handwerkers auf der Leiter, der die Rahmen der geöffneten Flügeltüren streicht. Wie ein Dieb schleiche ich mich durch das Tor über den Hof zum Hintereingang des Gebäudes. Überall fleißige Handwerker – Maler, Elektriker und Schreiner.

Niemand beachtet den Eindringling, der heimlich die Tür zum ovalen Festsaal öffnet und staunend das prachtvolle Innenleben des ehemaligen Wohnhauses im Weinbrennerstil bewundert.

Parkettböden, ein Festsaal mit Stuck und Karyatiden, die aus dem alten Theater am Schlossplatz stammen, Rundbogenfenster und eine unvergleichliche Aussicht auf das Treiben in der Karlstraße und das Gebäude und die Gartenanlagen des Bundesgerichtshofes erwarten mich.

Ob er den neuen Mieter kenne, frage ich den Mann auf der Leiter. Er schüttelt den Kopf und arbeitet weiter. „Ist hier nicht in der Nachbarschaft des Gerichts ein Entlüftungsrohr für die neue Stadtbahn geplant", will ich wissen. „Schon möglich", sagt der Mann, „aber das Gericht hat sich schon beschwert, glaube ich. Die Karlsruher müssen sich ja nicht alles gefallen lassen, oder?"

Die Anfänge eines alten Familienbetriebes: die Zimmerwerkstatt Beideck.

Immer den anderen eine Nasenlänge voraus:
Weltmeisterin Margarete Beideck aus Hagsfeld.

Schneller als der Rest der Welt

Wie Margarete Beideck sich ihren Lebenstraum erfüllt

„Ein Haus in Hagsfeld?" Charlotte Reißle lacht: „Warum nicht, wir Hagsfelder haben eine 1.000-jährige Geschichte. Da kann Karlsruhe mit seinen 300 Jahren nicht mithalten." Auch ihr Haus könnte Geschichten erzählen. Im Hof steht noch die alte Scheuer mit dem Leiterwägele und auch in den Nachbarhäusern gibt es Scheunen mit alten Gerätschaften und leeren Ställen, die an die Zeit erinnern, wo in vielen Häusern die Männer und Frauen eine kleine Landwirtschaft hatten, eine Kuh im Stall stand und die Hagsfelder sich Schweine, Ziegen, Hasen und Hühner hielten.

Wenn Charlotte Reißle, die Friseurmeisterin bei der Nachbarschaft an der Tür läutet, dann öffnen sich die alten Fensterläden, die Hoftore und die Türen zum Wohnzimmer. So stehen wir plötzlich im Hof der Beidecks in der Jägerhausstraße 30. „Kein Haus wie alle andern, ein Haus mit einer ganz besonderen Geschichte, das Weltmeister-Haus", erklärt sie.

Der Blick wird magisch angezogen von einer beschrifteten Wand: „Herzlichen Glückwunsch zur Weltmeisterschaft, Margarete" steht dort und darunter hängen die Urkunden und Medaillen der Margarete Beideck, die in einem Alter, wo sich die meisten Altersgenossen längst zur Ruhe gesetzt haben, erst so richtig loslegte. Überall auf der Welt erkämpfte sie sich als Teilnehmerin bei internationalen Wettkämpfen als Schwimmerin Gold- und Silbermedaillen, die jetzt im Hofeingang liebevoll aufgereiht und dokumentiert sind. „Alles voller Blechle", schmunzelt der Hausherr. Herbert Beideck hat das älteste Zimmergeschäft in Hagsfeld und ist stolz auf die 100-jährige Handwerksmeister-Tradition seiner Familie und auf seine sportliche Frau.

Für sieben Daxlander Architekten hat er als Zimmermann gearbeitet und immer noch nebenher gemeinsam mit seiner Frau eine Landwirtschaft betrieben. Stolz zeigt der 80-Jährige seine Schulzeugnisse. Keine Note ist schlechter als zwei. „Ich war schon im Kant-Gymnasium, als Vater aus der Kriegsgefangenschaft kam und mich von der Schule nahm." „Der Kerl soll was lerne, was soll der studiere", meinte der Vater und steckte seinen 14-Jährigen mit zwei anderen Lehrlingen in seine Werkstatt, wo der Bub in der dritten Generation das Handwerk des Zimmermanns von der Pike auf erlernte. Das war die Zeit des Wiederaufbaus, denn auch bei uns in Hagsfeld waren nach dem Angriff vom 4. April 1944 viele Häuser zerstört", erzählt Herbert Beideck, der 1969 das vom Großvater gegründete Geschäft übernommen hatte.

Wenn heute wandernde Zimmerleute auf der Walz nach Karlsruhe kommen, dann schickt sie die Innung in das gastliche Haus des Zimmermanns Herbert Beideck, der ihnen dann in seiner alten Werkstatt im Haus Nr. 34 in der Jägerhausstraße die Modelle der alten Dachstühle zeigt mit einer Technik, die in ganz Deutschland einmalig ist und in der Fachsprache „Winkelschiftung" heißt. Nein, patentieren hat er sich seine Erfindung nicht lassen, dazu hat er keine Zeit gehabt. Staunend stehen die wandernden Zimmergesellen vor der Modellsammlung der kunstvoll gezimmerten Dachstühle. Beim Abschied steckt der Meister den wandernden Zimmergesellen ein ordentliches Handgeld zu. Auch das gehört zur Tradition.

Fünf Kinder haben die Beidecks großgezogen. „Ich wollte immer viele Kinder", sagt Herbert Beideck, „am liebsten eine ganze Fußballmannschaft!"

„Das war kein leichtes Leben", seufzt Magarete Beideck. „Nach dem fünften Kind, zwei Buben und drei Mädchen, habe ich gestreikt. Fünf Kinder großziehen und die Arbeit in der Landwirtschaft mit dem Vieh und den Äckern mit Kartoffeln, Dickrüben und Welschkorn und fast alles Handarbeit. Wenn ich da nicht Herberts Schwester Ursel gehabt hätte, die immer tüchtig mitgearbeitet hat, wie hätte ich das schaffen können?"

Für den Sport blieb damals keine Zeit. Dazu die Schicksalsschläge: Ein Großbrand 1976 auf dem Zimmerplatz mit einem Riesenschaden ohne Versicherung und dann 1983, der Unfall des 16-jährigen Sohnes Thomas, ein Kampf bei dem man nicht wusste, ob der Junge überleben würde. „Unser Sohn hat es geschafft und später sogar noch die Gesellenprüfung abgelegt und viele Jahre in unserer Werkstatt gearbeitet. Er ist ein brillanter Arbeiter", sagt der Vater stolz, „aber die Ärzte haben es ihm verboten, je wieder auf eine Leiter oder ein Gerüst zu steigen."

Sohn Harald ist gelernter Landwirt und leidenschaftlicher Radrennfahrer. Nicht zuletzt dank seiner sportlichen Begabung arbeitet er heute bei der Karlsruher Berufsfeuerwehr.

Bis dahin ist die Geschichte der Beidecks nicht außergewöhnlich, bis zu dem Tag, als Margarete Beideck einen Entschluss fasst: „Und jetzt? Das kann's doch nicht gewesen sein", sagt sich die blonde Frau mit dem sanften, freundlichen Gesicht, als das letzte Kind das Haus verlässt. Wäre das nicht der Augenblick, noch einmal einen Versuch zu wagen und eine zweite Karriere zu starten? Als Kind war sie eine begeisterte Schwimmerin, aber schon mit 15 Jahren hatte sie den Sport aufgegeben. „Der Liebe wegen", sagt sie mit einem Lächeln. Damals hat sie ihren Mann am zugefrorenen Hagsfelder Baggersee kennengelernt und ihn gebeten, ihr seine Schlittschuhe auszuleihen. Von da an verloren sich die beiden nie mehr aus den Augen und blieben ein Leben lang zusammen.

Mit 53 Jahren lässt sich Magarete Beideck noch einmal auf ein neues Abenteuer ein, beginnt mit dem Schwimmtraining beim SSC Karlsruhe im Fächerbad und muss feststellen, dass sie kaum eine Bahn durchhalten kann. Aber Aufgeben kommt für sie nicht in Frage. Schon nach drei Monaten Training schickt sie der Verein zu den ersten Wettkämpfen. Sie gewinnt die Landesmeisterschaften über 800 Meter Freistil, nimmt am 24-Stunden-Schwimmen teil und bereitet sich auf internationale Wettkämpfe vor.

Bald wird sie zum sportlichen Höhenflug ansetzen und alleine schneller sein als der Rest der Welt. Noch nie ist sie im Meer geschwommen, meistens nur in Hallenbädern und im Grötzinger Baggersee, aber bei der Weltmeisterschaft der Rettungsschwimmer im ägyptischen Alexandrien holt die 69-Jährige gleich zwei Goldmedaillen für ihren Verein: im Hindernisschwimmen über 100 Meter und im Brandungsschwimmen über 400 Meter in ihrer Altersklasse.

„Ich bin ja hingefahren um zu gewinnen", sagt die für die DLRG Durlach angetretene Doppelweltmeisterin in einem Zeitungsinterview. Bei der Rettungsschwimmer-WM 2012 in Australien gewinnt sie gleich drei Medaillen und sagt: „Wenn ich mir was in den Kopf gesetzt habe, dann lasse ich mich nicht davon abbringen!"

Seit über 50 Jahren sind Herbert und Margarete miteinander verheiratet. Die elf Enkel und die beiden Urenkel sind stolz auf ihre Großmutter, die überall auf der Welt auf dem Siegertreppchen stand, aber trotzdem bescheiden und bodenständig geblieben ist.

Und heute? Die Beidecks können auch im Ruhestand nicht untätig sein. Immer noch gilt, was sie anpacken hat Erfolg. 170 Apfelbäume hat Herbert Beideck, der Zimmermann und Hobbylandwirt. Er macht seinen eigenen Apfelsaft, erntet 100 Liter Wein von seinen Reben, die Haus und Hof des schmucken 100-jährigen Hauses umranken, das der Großvater erbaut hat. Immer noch sägt der Zimmermann in der großräumigen, gut ausgestatteten Werkstatt seine „Brettle", wenn die Nachbarn ihn darum bitten, aber am liebsten schneidet er im Frühjahr seine Apfelbäume und hilft Sohn Harald und Schwiegertochter Anja im Hagsfelder „Naturpark" zwischen Dorfrand und Gewerbegebiet.

Dort grasen auf dem Pfizer-Gelände die zottigen Galloway-Rinder und gleich nebenan müssen 700 freilaufende Hühner versorgt werden. Herbert und Margarete Beideck helfen beim Heuernten und Ausmisten und freuen sich über den schmucken Hagsfelder Hofladen ihrer Kinder, wo es eigene Eier und Anjas selbstgemachte Nudeln, leckeres Landbrot und Obst und Gemüse aus der Region zu kaufen gibt. Eine Familie, die zusammenhält.

Auf das Schwimmen will Margarete Beideck, die Weltmeisterin, trotzdem nicht verzichten: Beim Training kennt sie kein Pardon: „Dreimal in der Woche wird trainiert, und im Herbst fahre ich zu meinem nächsten Wettkampf nach Montpellier!"

Unter den Kolonnaden versteckt und von Architekt Wilhelm Vittali erbaut:
das Feinkostgeschäft Jurk

Riccarda Jurk liebt Menschen, Gemüse und Theodor Fontane.

Die Jurks oder vom Glück,
Obst und Gemüse zu verkaufen

Ein Feinkostladen mit Tradition

Wer vom Bahnhof kommt und die Straßenbahnschienen und den Vorplatz überquert, wo es für Fußgänger weder einen Zebrastreifen noch eine Ampel gibt, der entdeckt unter den Arkaden auf der gegenüberliegenden Straßenseite die rettende Insel. Rechts vom Eingang zum Karlsruher Stadtgarten und Zoo fällt der Blick auf leuchtend rote Markisen mit der Aufschrift Feinkost Jurk: Obst und Gemüse, Spirituosen, Tabak- und Süßwaren.

Kaum ein Stadtgartenbesucher oder Durchreisender kann der Versuchung widerstehen, wenigstens für einen Augenblick hier stehen zu bleiben, um die verlockenden Auslagen der Jurks mit den schönsten einheimischen und exotischen Früchten, mit Artischocken, Rote Rüben, Ingwer, Feldsalat, Steinpilzen und Pfifferlingen zu bewundern.

Der „älteste Tante Emma-Laden" der Stadt macht seinem Namen Feinkostgeschäft alle Ehre. Shop kann sich jeder nennen, Frischeshop sogar. Aber Feinkostladen, hört sich das nicht an wie Adel verpflichtet oder so ähnlich?

Plötzlich taucht Frau Jurk in einer weißen Kittelschürze mit freundlich aufmerksamem Gesicht und Grübchen in den Wangen auf und bietet Hilfe an. Nicht aufdringlich, aber beratend und verständnisvoll. Jeden Apfel, jede exotische Frucht nimmt sie liebevoll in die Hand, prüft die Ware kritisch, so als wäre sie Hoflieferantin bei Großherzogs und persönlich verantwortlich für alles, was dort in der Küche oder auf der königlichen Tafel landet. Dann erst legt sie behutsam das kostbare Gut ins Körbchen der Kunden.

Frau Jurk trägt den noblen Vornamen Ricarda, und ich habe das Glück, nur ein paar Schritte entfernt vom Laden der beiden Jurks in der schönsten Karlsruher Lindenallee, der Bahnhofstraße, zu wohnen. Ein Genuss, der durch den Obst- und Gemüseladen der Jurks auch kulinarisch abgerundet wird.

In Karlsruhes ältestem Lebensmittelgeschäft, wo man auf kleinster Fläche alles kaufen kann, was man im Supermarkt manchmal erst nach langem Herumirren in seelenlosen Gängen entdeckt, plaudere ich mit den Jurks über Gott und die Welt. Wir reden über unsere Kinder, die längst erwachsen sind und darüber, wie sie früher gemeinsam den Kindergarten Sankt Hildegard in der benachbarten Klosestraße besucht haben, später dann die Südendschule und das Gymnasium.

Wir sind traurig, weil wir gehört haben, dass eine alte Nachbarin nie mehr in ihre Wohnung zurückkehren wird, weil ihre Kinder sie ins Altersheim abgeschoben haben, und manchmal ärgern wir uns über den verschandelten Bahnhofsplatz, der immer kahler und seelenloser wird, und wo man jetzt auch noch die jungen Bäume absägen will, die erst vor ein paar Jahren gepflanzt wurden.

Plötzlich taucht auch Herr Jurk auf, der schon seit fünf Uhr früh auf den Beinen ist. Er rückt sich die Schiebermütze zurecht, füllt ein leergekauftes Regal mit einer Kiste Cox Orange auf, gesellt sich zu uns und berichtet über seine Amerikareise. Vom Besuch bei der Tochter erzählt er, die drüben eine Tierarztpraxis hat. „Die hat doch keine Zeit und ihre Hausfassade musste dringend neu gestrichen werden." Begeistert ist er von den amerikanischen Nachbarn seiner Tochter, die ihm spontan geholfen haben bei der Renovierung und die ganz anders sind als die Deutschen. „Das sind patente Menschen, die packen zu, wenn man sie braucht", sagt er.

Ja, die Isabel, die hat sich drüben durchgesetzt, hat Tier-
medizin studiert und als Professorin an der Universität unterrichtet, bevor sie sich in Amerika selbstständig gemacht
hat. Täglich telefoniert sie mit ihrer Mama, und die Jurks sind
glücklich und ihre alten Kunden freuen sich mit ihnen über
die erfolgreiche Tochter.

Frau Jurk legt einen Bund Petersilie in meinen Korb, hal-
biert eine Selleriewurzel und wiegt ein paar Karotten aus:
„Des gibt e gute Kartoffelsupp, und dann noch en Schuss
Weißwein und Sauerrahm, so mach ich's."

Dann ruft sie der hübschen Frau an der Ladenkasse zu:
„Uschi, die Petersilie brauchsch net zu berechne, und der Blu-
mekohl isch von geschtern, da ziehsch en Euro ab."

In der Ecke sitzt Anneliese Dürr, die älteste Stammkun-
din der Jurks aus der Klosestraße freundlich lächelnd und
sorgfältig zurechtgemacht auf einem Stuhl. Die bald neun-
zigjährige kultivierte alte Dame, die früher am Karlsruher
Theater alle Sänger und Sängerinnen kannte, hat immer noch
eine fast faltenfreie Haut. Jede Woche geht sie zum Friseur
und sieht unternehmungslustiger aus als manche 60-Jährige.
„Ohne die Jurks wäre ich verloren und schon lange im Altersheim oder müsste Essen auf Rädern bestellen", sagt Anneliese
Dürr, die schon mit ihren Eltern vor vierzig Jahren bei den
alten Jurks eingekauft hat. Einmal in der Woche kommt sie
zum Großeinkauf in den Laden und darf sicher sein, dass Herr
Jurk die Ware am Abend nach Geschäftsschluss persönlich bei
ihr abliefert und ein kleines Schwätzchen hält.

Ja, Frau Dürr weiß noch, wie Herr Jurk als junger Mann
von seinem Vater nach Paris geschickt wurde, um dort in einem der ersten Selbstbedienungsläden, einer Superette in der
Nähe des Arc de Triomphe, seine Erfahrungen als junger Einzelhandelskaufmann zu vertiefen. Der deutsch-französische
Freundschaftsvertrag, der damals zwischen Adenauer und de
Gaulle geschlossen wurde, hatte den Austausch von Schülern,

Studenten und jungen Auszubildenden ermöglicht. „Das war die schönste Zeit in meinem Leben", schwärmt Rainer Jurk. „Ja, die Franzosen, die haben halt Lebensart. Für eine Scheibe Schinken aus Bayonne haben die so viel ausgegeben wie meine Mutter für das ganze Mittagessen. Und wie sie ihr Obst und ihr Gemüse präsentiert haben. Das habe ich dort gelernt und beibehalten und den ersten Karlsruher Mini-Supermarkt eingerichtet. Es hat halt eine Weile gedauert, bis die sparsamen Karlsruher Hausfrauen aus der Südweststadt gemerkt haben, dass Qualität ihren Preis hat und das feine Aroma französischer Nektarinen eben nicht zu vergleichen ist mit dem Geschmack der billigeren Früchte aus Italien."

Der Mann, der seit 45 Jahren jeden Morgen um fünf Uhr aufsteht, um auf dem Karlsruher Großmarkt einzukaufen, ist wie seine Frau ein Genießer geblieben und ein Menschenfreund. Wie gut er erzählt vom Sport und seinem Hobby, dem Trompete spielen. Jedes Jahr in der Adventszeit gibt er ein Konzert vor seinem Laden für seine Kunden und dazu serviert er kostenlos Glühwein und Lebkuchen.

Ja, die Jurks, die sprechen alle ihre Kunden mit Namen an und obwohl das Ehepaar einen 12-Stunden-Tag hat und nur dreimal im Leben einen gemeinsamen Urlaub verbringen konnte, sind sich darüber einig, dass sie einen wunderschönen Beruf haben und dass es ein Glück ist, Obst und Gemüse zu verkaufen und morgens um 6 Uhr die ersten Pendler mit einer Tasse frisch aufgebrühtem Kaffee verwöhnen zu können. „Unsere Kunden bauen uns immer wieder auf", sagt Ricarda Jurk. Manchmal am Abend taucht die Frau aus dem Tante-Emma-Laden in eine andere Welt ein und liest in ihrem geliebten Fontane, dem „Stechlin", den sie so mag wegen seiner Weisheit und Menschlichkeit.

Jetzt werden die beiden Jurks in Rente gehen. „Ja", sagt Ricarda Jurk, „ich bin ein bisschen müde. 45 Jahre, das reicht doch oder?"

„Wir sind hier nicht im Dörfle"

Kindheit in einer bürgerlichen Straße

Eigentlich sollte diese Geschichte ganz anders anfangen, aber je mehr ich über die Straße, in der ich aufgewachsen bin nachdenke, umso mehr tauchten die Gesichter der Menschen vor mir auf, denen ich dort begegnet bin. Meine liebe Nachbarin Irmgard Neininger gehört dazu, die vor ein paar Jahren nicht ganz freiwillig die Klosestraße verlassen hat, weil sie ihr Haus verkaufen musste, die Geschwister Brinna und Tjard Otto aus der Hausnummer drei, wo ich geboren wurde, und auch Anneliese Dürr aus der Nr. 40, die heute 93 Jahre alt ist und die ich kennengelernt habe, als ich mir nach der Trennung vom Vater meines Kindes eine neue Wohnung suchen musste.

Zuerst war ich für ein Jahr nach Frankreich geflüchtet und das Schicksal hatte mich mit meiner vierjährigen Tochter Sibylle nach Chartres verschlagen, der französischen Provinzstadt mit der wohl schönsten Kathedrale Frankreichs, der französischen Akropolis. Es war ein Ort, den ich nicht gewählt hatte. Nancy hätte es sein sollen, Paris oder auch Straßburg, aber Chartres, das war wohl reine Behördenwillkür oder vielleicht Zufall.

Mir ging es damals so, wie es den meisten Menschen geht, die nach einer Ehe versuchen, ein neues Leben mit ihrem Kind anzufangen. Ich wollte weg aus Karlsruhe, wo die Menschen, die mich kannten, immer die gleiche naive Frage stellten: Wie geht es dir jetzt nach deiner Trennung? Kommst du zurecht mit deinem neuen Leben?

Haus mit korinthischen Säulen und dem Engel über der Eingangstür,
in dem die Autorin Doris Lott ihre Kindheit verbrachte.
(Zeichnung von Benno Huth)

120

Als Lehrerin war ich in der glücklichen Lage, dass ich mich mit meinem Kind um einen Auslandsaufenthalt bewerben konnte. Wenn schon Umzug, dann wollte ich um keinen Preis in meinem Karlsruhe bleiben, dem Ort, wo ich seit meiner Kindheit fast ohne Unterbrechungen lebte. Heute, wo ich selbst älter bin und meine Mutter schon lange nicht mehr am Leben ist, darf ich es mir eingestehen. Ich wollte mit meinem Kind nicht mehr zurück in die Wohnung meiner Mutter in der Klosestraße Nr. 17, dem schönen Haus, das, wie mein Nachbar aus Kindertagen, der ehemalige Regierungsbaumeister Tjard Otto sagt, rein „architektonisch" die Mitte eines „einmalig schönen „Straßenzugs" bildet, der einige Besonderheiten hat: Er trägt die Handschrift eines einzigen Architekten, der die schönen Mietshäuser mit durchgehenden Schmuckbändern, abwechslungsreichen Fassaden mit hübschen Balkonen und Dächern mit Giebeln versehen hat. Ja, diese Balkone, die in meiner Geschichte noch eine im wahrsten Sinne des Wortes „tragende Rolle" spielen werden, und die Tjard, der Architekt, in seiner Begeisterung mit ehrwürdigen Altanen vergleicht.

Noch heute höre ich Mutters Ermahnung: „Man klettert nicht über die Balkone, wir sind hier nicht im Dörfle." – Wir Kinder lernten schon früh, dass wir uns gesittet zu benehmen hatten und dass wir in einer besonderen Gegend, in der vornehmen Klosestraße wohnten. Unsere Nachbarn waren unnahbare Menschen, die unseren halbschüchternen Gruß kaum erwiderten. Kein Lächeln, kein freundliches Wort. Keine Miene verzogen sie, wenn sie von ihrem Chauffeur mit Dienstmütze und grauen Anzügen mit Krawatte abgeholt wurden. Eine fremde Welt für uns Kinder, die ohne Vater aufwuchsen unter den strengen Augen unserer Mutter, die nie ohne Hut, Handtasche und den dazu passenden Schuhen ausging, obwohl wir doch nur „Mietshauskatzen" waren und sie manchmal nicht wusste, wie sie uns sattbekommen konnte.

Die Bewohner des Hauses in der Klosestraße 17.
Ein Familienbild, das die Mutter, Mathilde Cunz,
ihrem Ehemann Otto an die Ostfront schickte.

Hat Mama, die sich das Schulgeld für uns vier am Munde absparte, die Tag und Nacht strickte und häkelte und meinen dunkelblauen Strickrock mit rotem Klatschmohn, gelben Ähren und blauen Kornblumen bestickte, jemals über Geld gesprochen?

Unsere Nachbarn waren hochnäsige Bundesrichter, Bauunternehmer und Versicherungsdirektoren, die wir zu grüßen hatten und die uns nur wahrnahmen, wenn wir ihre Mittagsruhe störten oder unsere Bälle in ihren Gärten landeten.

Hier könnte meine eigentliche Geschichte beginnen, die in Vergessenheit geraten wäre, gebe es da nicht meine Nachbarin, Irmgard Neininger, die damals gemeinsam mit dem Architekten Tjard Otto dafür gekämpft hat, dass die Schönheit unserer Straße nicht verschandelt wurde. In einer Nacht- und Nebel-Aktion hatte der neue Hausbesitzer in unserer Nachbarschaft entschieden, das Haus in Eigentumswohnungen mit Balkon umzuwandeln. Nach dem Tode der beiden ehemaligen Hausbesitzerinnen, den Schwestern Hasselberger und Haller, hatte er beschlossen, das alte Haus und seine Fassade zu verändern. Mutter sprach immer von den beiden Damen als den alten Jungfern. Das war nicht so bös gemeint, wie es klingt, nur ein wenig abwertend, weil die beiden alten Damen es uns Kindern verboten hatten, über den Zaun zu klettern, um unsere Bälle zu holen, die wir im Spieleifer in ihren Garten geschossen hatten.

Ja, die beiden Nachbarinnen hatten so manches zu ertragen, wenn wir mit Scharen von Nachbarskindern den Hof in Beschlag nahmen, beim Schaukeln an der Teppichstange den Zaun niedertrampelten oder am Muttertag heimlich ihre Fliederbüsche plünderten.

Nicht, dass Mutter ein Auge zugedrückt hätte, im Gegenteil, sie hatte uns streng verboten, den liebevoll gepflegten Garten der beiden Nachbarinnen zu betreten. Wir sollten sie freundlich grüßen und nicht immer neue Heerscharen von Kindern in unseren Hof einladen. Dennoch, wir waren nicht zu bändigen. Der Lärmpegel wuchs mit zunehmendem Alter, als mein Bruder Rolf mit 15 Jahren in der ehemaligen Werkstatt meines Vaters neben der Waschküche einen Jazzkeller einrichtete.

Fräulein Hasselberger war Klavierlehrerin und ihre Schwester Kriegerwitwe mit einem erwachsenen Sohn, der all das zugesteckt bekam, was die beiden Damen mit ihrer schmalen Rente und der Wohnungsvermietung abzweigen konnten.

Mutter hielt auf gute Nachbarschaft, obwohl es nicht leicht war, in all den Jahren sich die Gunst der Nachbarsfamilien zu erhalten. Jahre vergingen. Wir Kinder waren bereits ausgezogen, als die beiden Schwestern im Nachbarhaus Nr. 19 kurz hintereinander starben. Nur Mutter lebte noch alleine in der großen Vierzimmerwohnung im Erdgeschoss der Klosestraße Nr. 17 mit dem dekorativen Balkon, den korinthischen Säulen und den mit roten Geranien bepflanzten Blumenkästen.

Unvorstellbar war es für mich, dass sich das alles jemals ändern würde, obwohl sie schon fast ein halbes Jahrhundert hier wohnte.

Dennoch, die Zeit war nicht stehen geblieben. In der Villa gegenüber auf der anderen Straßenseite, in der der Bauunternehmer Stober mit seiner Familie viele Jahre gelebt hatte, wohnte jetzt mein Bruder Rolf mit seiner Familie. Er war der neue Hausbesitzer. Als Kinder waren wir arme Kirchenmäuse und nie hätte einer von uns davon zu träumen gewagt, eines Tages Villenbesitzer zu sein und in Häusern zu leben, die doch den reichen Nachbarn vorbehalten waren, den Stobers, den Steppuhns und den Hoepfners vom Modesalon in der Kaiserpassage, die Mama nach Vaters Tod auch ohne Bezugsschein ein schwarzes Trauerkostüm verkauft hatten. „Sie sind doch unsere Nachbarin", hatte die vornehme Dame gesagt, die in dem Haus lebte, wo nach vielem Wechsel heute unser Bundestagsabgeordneter und KSC-Präsident wohnt.

Wir Cunzen waren Mietshauskatzen, keine Hausbesitzer. Und das würde sich wohl ein Leben lang nicht ändern und Mama würde immer im Haus Nr. 17 mit dem griechischen Balkon und dem steinernen Engel über der Haustür mit den Kristallglasscheiben und dem hellen Hausflur mit dem stumpfen Terrakottaboden und dem eingelegten Blumenmosaik wohnen. Und jede Woche am Samstag würden wir Kinder widerwillig den Mosaikboden putzen und uns darüber ärgern, dass wir unsere schweren Räder auf Mutters Anweisung hin durch den Hausflur in den Hof tragen mussten. Hier hatte alles seine Ordnung. Räder in den Hof, Kinderwagen hinter die Kellertür und jede Woche Hausordnung.

Ein halbes Jahrhundert war das so, wie sollte sich das je ändern können? Manchmal gehe ich an Häusern vorbei, die eine Inschrift tragen, die mich beeindruckt wie diese: „Dies Haus ist mein und doch nicht mein, der vor mir war, dacht auch 's wär sein, der nach mir kommt wird's grad so sein."

In der Bibel steht: „Und ihre Stätte kennet sie nicht mehr." Das hat mich schon als Kind beeindruckt, obwohl ich nicht hätte sagen können, was Stätte bedeutet. Dein Ort vielleicht, dein Haus, deine Stadt?

Heute weiß ich es, wenn ich durch die Klosestraße gehe. Vielleicht bedeutet es: Das Haus deiner Kindheit kennt dich nicht mehr, deine Mutter lebt nicht mehr, dein Bruder ist gestorben und auch deine Geschwister, und du wirst die nächste sein. Die Veränderung und der schleichende Verfall und die gefühllose Zerstörung der Schönheit, die schmerzen. Und als eines Tages über Nacht die Baukrane anrückten und mit Gewalt versuchten, dem Haus Nr. 19 ein neues Gesicht zu verpassen, da war es eine einzelne Frau, die hellwach die Veränderung wahrnahm, die Baubehörde alarmierte und sich der Zerstörung widersetzte. Nein, die Behörde hatte keine Genehmigung zur Anbringung neuer hässlicher Balkone gegeben und auch nicht zum Herausreißen der alten Fenster. Aber sie ließ den neuen Hausbesitzer gewähren. Wer hatte damals wohl bei wem ein Auge zugedrückt, dass eine der schönsten Straßen plötzlich ohne Rücksicht auf den Denkmalschutz und Bürgerprotest ihr Gesicht verlor?

Die Wogen gingen hoch und als dann die eisernen Affenkäfige, wie es in der Zeitung stand, plötzlich über Nacht aus der alten Fassade wie Schmarotzergewächse wuchsen, da pilgerten so manche Karlsruher zum Ort des Geschehens und in der Zeitung tobte eine erbitterte Leserbriefschlacht mit Pro und Contra.

Die unermüdliche Nachbarin aus der Nr. 21 ging mit ihrer Protestliste von Haus zu Haus, konnte aber trotz der vielen Unterschriften der Anwohner nicht erreichen, dass die neuen Balkone entfernt wurden.

Eine Karlsruher Rechtsanwaltskanzlei schrieb ihr, die ganz allein das initiiert hatte, was man heute respektvoll eine Bürgerinitiative nennt: „Sie werden wohl oder übel mit diesem für Sie unerträglichen Anblick leben müssen." Und nicht ohne Häme stand da: „Sollten Sie in Zukunft aufgrund ihrer besonderen Wachsamkeit weitere derartige Initiativen ausbrüten, sollten sie sich bei ihren Entscheidungen nicht von offenbar existierendem Neid und Missgunst leiten lassen."

„Es schmerzt und ärgert mich täglich, wenn ich das misshandelte Haus Nr. 19 und das zerstörte Gesamtbild unserer Straße mit ansehen muss", schrieb Irmgard Neininger an den damaligen Stadtrat und Baudirektor August Vogel. Tjard Otto und Irmgard Neininger stellten schließlich fest, als sie mit dem Maßstab die Balkone überprüften, dass sie 50 Zentimeter tiefer waren als genehmigt. Die Südweststadt war in Aufruhr. Nach einer Mängelrüge der Stadt, die die Bürgerproteste nicht länger ignorieren konnte, wurden die Balkone zurückgebaut.

Ja, so war das damals vor über 15 Jahren. Ob Gras über die Geschichte gewachsen ist? Ja vielleicht, aber keine Kletterpflanzen, kein Efeu, das schamvoll die Blöße der zerstörten Hausfassade bedecken würde, wie es der Architekt versprochen hatte. Die Geschichtenerzähler aber, die halten vielleicht die Erinnerung wach und erzählen sie ihren Kindern und Enkeln.

Wo Goethe in der Wurst-
und Käsetheke steht

Vom Supermarkt zum Bücherland

„Das müsste man ja eigentlich in die Luft sprengen", sagt der Informatiker Klaus Ackermann und drückt sich leicht verzweifelt die Handflächen auf die Augen.

Neben dem riesigen Hoepfner-Areal, nur einen Steinwurf weit entfernt von der noblen Villa mit Park des Friedrich Georg Hoepfner, steht ein unscheinbarer Flachbau mit der Aufschrift A&S Bücherland inmitten von betongrauen Hochhausriesen und mehreren Ladenzeilen mit ständig wechselnden Besitzern.

„Ja, die Sünden der 70er-Jahre", seufzt Ackermann und kneift die Augen zusammen, so als ob ihm die ganze Wohnanlage ein einziger Graus ist. Alles hier atmet einen Hauch von Vergänglichkeit und der anonymen Tristesse ausufernder Großstädte. Von der Plakatwand des größten Karlsruher Bücherantiquariats flattert ein wenig verloren ein Poster mit dem Hinweis auf Lesungen und musikalische Events. „Wenn man hier heute anfängt zu streichen, ist morgen schon alles wieder vollgeschmiert", seufzt Ackermann. „Und was für Typen sich hier nachts herumtreiben! Wenigstens hat noch keiner versucht, im Bücherland einzubrechen. Die wissen, bei Thomas und mir, in unserem Laden, gibt es nichts zu holen, höchstens ein paar alte Bücher."

Erst auf den zweiten Blick entdeckt der Betrachter, was für ein einmaliger Laden sich hinter der Aufschrift „A&S Bücherland" verbirgt. Ein Paradies für Bücherfreunde, wie es

*Hinter einer bescheidenen Fassade verbirgt sich ein Eldorado
für Literaturfreunde: das A&S-Bücherland.*

*Klaus Ackermann, der mit seinem Kollegen Thomas Stieber,
Herr über 40.000 Bücher ist.*

wohl in Deutschland einmalig ist. Die wunderbare Welt des Klaus Ackermann und des Thomas Stieber, zweier Männer, die ihr Leben der Wissenschaft verschrieben hatten, bis sie eines Tages entdeckten, dass ihre eigentliche Leidenschaft den Büchern gehört und dass es höchste Zeit war, das Steuerrad herumzureißen und eine neues Leben zu wagen. Ein Leben als Buchhändler. Ein eigener Laden sollte es sein, ein Buchladen, in dem man nach Herzenslust schmökern konnte, seine alten Bücher abgeben und für ein paar Euro antiquarische Bücher mit nach Hause nehmen konnte. So entstand das A&S Bücherland.

Tagsüber schleppen hier die Karlsruher kistenweise Bücher an und vertrauen sie den beiden Geschäftsinhabern, Klaus Ackermann und Thomas Stieber, an. Wer hat schon den Mut, Großvaters Brockhaus oder Schiller, Goethe und Grillparzer, einst der Stolz der Bildungsbürger, in der Mülltonne zu versenken? Nein, das wäre doch zu pietätlos, Mutters geliebte Romane aus der Bertelsmann-Lesering-Ära einfach zum Altpapier zu geben? Aber, wohin mit den alten Schmökern, jetzt wo die alten Herrschaften ins Seniorenheim oder Wohnstift gezogen sind und nur noch ein oder zwei kleine Zimmer haben?

Da ist es doch ein Glück, dass es diesen wunderbaren Laden in der Rintheimer Straße 19 mit über 50.000 Büchern gibt, wo man weiß, dass die Bücher sortiert nach Themenbereichen und Autoren ins Regal gestellt werden und dann zum Schnäppchenpreis zwischen einem und vier Euros neue Besitzer finden.

„Eine Superidee ist dieses Bücherland", freut sich der Kistenbringer und übergibt Klaus Ackermann seinen schweren Karton und sieht sich erleichtert in dem riesigen Laden mit der Wohlfühl-Atmosphäre um. Noch weiß er nicht, dass er hier bleiben und die Zeit vergessen wird, während draußen die Politesse diskret einen Strafzettel hinter den Scheibenwischer seines Autos heftet. Als er nach ein paar Stunden den Laden verlässt, trägt er einen Stapel Bücher unterm Arm und freut sich über seine Schnäppchen.

„So geht es fast allen unseren Kunden", sagt der ehemalige Physiker Thomas Stieber. „Die Leute bringen ihre alten Bücher und sind so begeistert von unserem Laden, dass sie ihn nicht ohne ein paar neue Bücher verlassen."

„Wie das alles anfing?" Klaus Ackermann lacht. „Ein richtiges Abenteuer war das", denn die Geschichte des Ladens ist fast so exotisch und aufregend wie der Inhalt mancher Bücher, die hier in den Regalen stehen. Alles begann mit einem Supermarkt, geplant für die Bewohner der neuen Hochhäuser. Aber die Rechnung ging nicht auf. Eines Tages blieben die Kunden weg und die Ladenfläche von rund 600 Quadratmetern, wovon zwei Drittel als Verkaufsfläche genutzt wurden, stand leer.

Damit begann die Geschichte des Bücherlandes. „Ich sehe noch genau das Bild vor mir", sagt er. Und dann erzählt er die unglaubliche Geschichte dieser seltsamen „Familie", die sich da im Januar 2003 durch die Oststadt bei Schneegestöber und Eiseskälte durchkämpfte. Thomas Stieber, der Physiker, und seine Drillinge sowie sein Freund Ackermann, der Informatiker, auf der Suche nach einem leeren Laden.

Durch Zufall hatte Ackermann ein paar Monate zuvor in Luzern einen riesigen Secondhand-Buchladen entdeckt. Dort konnte man seine alten Bücher abgeben und für ganz wenig Geld neue Titel mitnehmen. War das nicht die Geschäftsidee und genau der Laden, von dem sie schon immer geträumt hatten?

„Thomas und ich, wir hatten beide einen sicheren Job, er als Physiker, ich als Informatiker, aber wir liebäugelten mit der Herausforderung, das Schweizer Konzept in Karlsruhe zu realisieren. Der riesige leere Laden in der Oststadt, umgeben von den grauen Betonriesen mit der Aufschrift „zu vermieten", ängstigte die beiden ein wenig. Viel zu groß, lautete der Kommentar. Aber der Gedanke an einen eigenen Bücherladen ließ sie nicht mehr los und sie machten sich ans Werk. Sechs Wochen lang renovierten die beiden, verlegten neue Teppichböden, strichen die Wände, weißelten die Toiletten, stellten Regale auf.

„Was kommt denn hier rein?", wollte Eugen, der Italiener, wissen, der zufällig vorbeikam. Antwort: Ein Buchladen. „Ein Buchladen in dieser Gegend. Seid ihr wahnsinnig?"

Eugen, der Italiener ist heute Stammkunde in der Rintheimer Straße. Alles hat sich verändert. Wo einst die gekachelte Wurst- und Käsetheke war, stehen heute Schiller und Goethe im Regal, und ein gemütliches Sofa, ein paar stilvolle Sessel mit Biedermeierplüsch und ein Flügel für musikalische Veranstaltungen, bei denen auch Professoren der Musikhochschule mit ihren Meisterschülern auftreten und Buchpremieren mit Polit- und Fernsehprominenz stattfinden.

Kürzlich feierten die Bücherländer ihr Zehnjähriges, bei der nicht nur die Boxweltmeisterin Regina Halmich und Miss Germany, sondern auch die Polizeipräsidentin Hildegard Gerecke und die ehemalige Regierungspräsidentin Gerlinde Hämmerle zu Gast waren. „Ich glaube, wir haben es geschafft", schmunzelt Ackermann. „Wer einmal unseren Laden betreten hat, der kommt immer wieder!" Von einem Kunden stammt die Aussage: „Das ist Karlsruhes gefährlichster Laden".

Zwei die immer ihr Schicksal geteilt haben und alle Wege gemeinsam gingen:
das Ehepaar Doris und Kurt Stumpfrock im Garten ihres Hauses.

Wilder Wein und Schneeglöckchen

Ein Fachwerkhaus in Alt-Rüppurr

Ein Kirchturm wächst aus dem Dach. Ein Zwiebelturm, der zu einer neobarocken Fassade gehört mit einer roten Sandsteintreppe, die hinauf zum Paradies führt. Aber der Schein trügt, der Turm gehört nicht zu dem kleinen Haus sondern zur Kirche gegenüber, die im schmucken Jugendstil erbaut wurde und nicht viel älter als 100 Jahre ist. Das Gotteshaus liegt mitten im Herzen von Alt-Rüppurr, wo die Auferstehungskirche der Mittelpunkt einer lebendigen Gemeinde ist. Gleich nebenan ist der Friedhof, durch den die Alb fließt, ein kleiner Fluss, an dessen Ufer sich die Häuser der Lange Straße aufreihen. Einfache, niedrige Häuser und gediegene Villen mit parkartigen Gärten, romantischen Lauben, halb verfallenen Geräteschuppen und uralten Bäumen, die sich im Wasser spiegeln. Im Sommer spielen hier die Kinder, füttern die Enten mit Brotresten oder bauen kleine Wehre, in der Hoffnung, das alte Flussbett umzuleiten. Ein friedliches Gewässer, das beim „Kleinen Bodensee" bei Karlsruhe in den Rhein mündet. Nur manchmal bäumt es sich auf, tritt über die Ufer, überflutet Wiesen und Keller und versetzt die Anwohner in Angst und Schrecken.

Nicht weit von den Ufern der Alb entfernt wohnt das Ehepaar Stumpfrock in der Lange Straße Nr. 27. Sie gehören zu Rüppurr wie der Friedhof zur Kirche und die alten Häuser zur fast dörflichen Idylle.

So sah es früher aus: Ein Rüppurrer Fachwerkhaus,
das von Generation zu Generation weitergegeben wurde.

„Wenn die Leute aus dem Friedhof kommen und auf unser Haus blicken, das ganz von wildem Wein umrankt ist, dann fragen sie manchmal ganz erstaunt: Wohnt hier denn jemand?", lacht Doris Stumpfrock. „Manchmal im Sommer denke ich, dass wir in einem Bienenstock wohnen. Überall um das Haus herum summt und brummt es in den Blüten des wilden Weins", sagt Kurt Stumpfrock und die Leute fragen, ob es denn hier keine Ratten und kein Ungeziefer gibt!"

Keiner kennt die Geschichte des Rüppurrer Hauses besser als Doris Stumpfrock, die hier geboren wurde und mit ihren Eltern und den drei Schwestern eine fröhliche Kindheit verbracht hat.

Ihr Urgroßvater Johann Ludwig Kiefer hat das Haus um 1810 erbaut. „Ich glaube, nur wenige Häuser in unserer Straße

sind älter", sagt Doris Stumpfrock. Als 1888 dann die Großeltern Samuel und Luise Kiefer, geborene Joachim, heirateten und in das Haus zogen, würdigte die Familienchronik
das Ereignis mit Worten aus der Bibel: „Ich aber und mein
Haus wollen dem Herrn dienen. (Josua 24,15) Wohl dem, der
den Herrn fürchtet und auf seinen Wegen gehet. Wohl dir,
du hast es gut."

Samuel und Luise bekamen vier Kinder. Eine der Töchter
heiratete mit 21 Jahren den Möbelpolier Wilhelm Fischer.
„Das war mein Vater", erklärt Doris Stumpfrock, „und überall im Haus gibt es Möbelstücke, die er selbst bearbeitet hat."
Sie zeigt auf eine Kommode: „Das hier ist einfaches Tannen-
holz, aber Papa hat die Oberfläche so behandelt, dass sie wie
edles Nussbaumholz glänzt. Ich sehe ihn noch vor mir, wie
er fast zärtlich mit seinen Händen die Oberfläche der Möbel
streichelt."

Vieles im Haus erinnert an die Arbeit des Vaters in der
Karlsruher Stilmöbelfabrik Reutlinger am Kühlen Krug. Im
gemütlichen Wohnzimmer steht ein solider Schreibtisch, den
Reutlinger seinem Mitarbeiter vor seiner Auswanderung nach
Amerika schenkte. „Die Naziherrschaft zwang den Fabrikan-
ten und seinen Bruder zur Flucht." Im Hause der Stumpf-
rocks gibt es kein Möbelstück, das nicht mit einer Geschichte
verbunden ist.

„Wir sind mit unseren Erinnerungen alt geworden", sagt
Kurt Stumpfrock bei einem Rundgang durch das einladende
Haus. Alles im Haus, das Doris und Kurt nach ihrer Heirat
im Einverständnis mit der Erbengemeinschaft übernommen
und umgebaut haben, wirkt hell und großzügig. „Damals bei
unserer Heirat haben wir einfach unsere Schulden zusammen-
gelegt", lächelt der alte Herr verschmitzt. „Im Garten gab es
früher neben dem Schuppen ein Plumpsklo und gewaschen
hat man sich in der Küche am Spülstein, in unserer Küche

stand hinter einem Vorhang sogar eine Badewanne mit Gasbadeofen. Die Zeiten sind längst vorbei."

Betrachtet man das einstöckige Häuschen von der Straßenseite her, fallen einem Bilder aus dem Märchenbuch mit geduckten Hexenhäuschen und verwunschenen Dornröschengärten ein. Immer noch erinnert der Garten im Hof und an der Rückfront des Hauses mit seinem romantischen Teich und den Blütenteppichen aus Hunderten von Schneeglöckchen, Primeln und Narzissen an ein verlorenes Paradies. Aber alles hier hat seine Ordnung und Garten und Haus sind wohl bestellt und haben einen ganz besonderen Charme. Hier würde man sich gerne niederlassen, in die Sonne blinzeln, dem Gesang der Vögel lauschen und die Welt da draußen vergessen.

Hier mitten im Herzen von Alt-Rüppurr scheint die Zeit stille zu stehen. Hier fühlen sich alle wohl, die Freunde, die Geschwister und die Nichten und die Neffen der großen Fischer-Stumpfrock-Familie. „Im Haus meiner Eltern wurde immer viel musiziert", sagt Doris Stumpfrock und deutet auf das alte Klavier mit dem geschnitzten Beethoven-Porträt. Sie selbst hat ein Leben lang in verschiedenen Chören gesungen und sich in der Rüppurrer Kirchengemeinde engagiert.

Wenn Kurt Stumpfrock seine Lebensgeschichte erzählt, hält man den Atem an und wird ganz still vor Bewunderung, wie großartig dieser Mann sein Leben trotz seiner Sehbehinderung gemeistert hat.

Im Krieg wurde der junge Soldat, den man zum Fluglehrer für die Bombenflieger vom Typ Heinkel 111 ausgebildet hatte, ins Lazarett verlegt. 1945, als die Franzosen einmarschierten, meldete er sich wie einige seiner Kameraden freiwillig zum Minensuchdienst. Um keinen Preis wollten die jungen Leute in ein französisches Gefangenenlager. Eine explodierende Mine im Landkreis Bühl raubte dem 21-Jährigen fast vollständig das Augenlicht und kostete seinem Kameraden das Leben.

„Nach meiner Verwundung haben die Franzosen alles versucht, um mir zu helfen. Sie haben mich sogar nach Heidelberg verlegt, wo ich über 14-mal operiert wurde, aber ein Auge blieb blind, das andere hatte nur noch 10 bis 20 Prozent Sehkraft. Nach einem halben Jahr des Blindseins konnte ich meinen Eltern voller Freude berichten, dass ich vor einem hellen Hintergrund die Finger vor meinem verbliebenen Auge zählen konnte. Es ging aufwärts!"

Dankbar erinnert sich der alte Herr an seine Kollegen bei Bechem und Post, wo auch seine spätere Ehefrau Doris arbeitete. „Alle haben versucht, mir die Arbeit zu erleichtern, mich auf Gefahren hinzuweisen und mich zu unterstützen." Doris Stumpfrock strahlt mit ihren blauen Augen liebevoll ihren Kurt an. Er lächelt und sagt leise, aber fest: „Uns beiden kann es ja nicht besser gehen, oder?"

Ein architektonisches Prunkstück ist die von Wilhelm Vittali erbaute Villa.
Hier residierte während des Kriges Gauleiter Robert Wagner.
(Zeichnung von Benno Huth)

Opa Starck und die Villa Eicheneck

Die wechselvolle Geschichte eines monumentalen Hauses

Wie immer war der alte Herr pünktlich. Er saß am Steuer seines Audi und trommelte mit leicht nervösen Fingern auf das Lenkrad. Dann entdeckte er mich, als ich mit meinem Fahrrad in die Kantstraße einbog.

„Zwei Minuten vor zehn Uhr, gerade noch rechtzeitig", sagte er und nahm mit einer leichten Verbeugung den Hut vom Kopf. Ich lehnte mein Fahrrad an die Hauswand und umarmte meinen Onkel.

„Abschließen, mein Liebe.", mahnte er streng, und ich gehorchte. Wer in unserer Familie hätte es gewagt ihm zu widersprechen? Seine Frau vielleicht und Birgit seine Tochter, die ich immer nur „meine schöne Cousine" nannte. Die „Hex", nannte er sie und später liebevoll „das Hexle", aber da war sie schon eine erwachsene Frau und es brauchte immer noch ein wenig Zeit, bis er sie stolz „meine Tochter" nannte.

Er war der Patriach, der Familienchef, der streng darüber wachte, dass die Großfamilie zusammenhielt. Kein leichtes Unternehmen, weil wir eine „richtige Kaninchenfamilie" waren, wie er uns einmal mit einem Seitenblick auf unsere zahlreiche Nachkommenschaft ein wenig ironisch genannt hatte.

Am Abend vorher hatten wir im ehemaligen Parkhotel seinen 90. Geburtstag gefeiert. Seine Frau, das Tante Annele, wie wir sie schon als Kinder liebevoll genannt hatten, war, wie mir meine 86-jährige Tischnachbarin versicherte, einst das schönste Mädchen von Karlsruhe.

Wir waren wirklich eine riesige Tischgesellschaft. Cousinen aus nah und fern und ihre Ehemänner tranken auf das Wohl des Familienoberhauptes Dietrich Starck, Doktor der Ingenieurwissenschaften und erfolgreicher Unternehmer. Wir plauderten über unsere Kinder und Enkel und das hellwache Geburtstagskind. Mein Gott, wie fit der alte Herr noch war. Pendelte an einem Tag zwischen seiner Wahlheimat Siegburg und Karlsruhe hin und her, führte Verhandlungen und hielt Vorträge im Rotary-Club.

Seine Firma hatten längst die Söhne übernommen, aber er kümmerte sich immer noch um ehemalige Angestellte und ließ es sich nicht nehmen, auch kranke Verwandte oder in Not geratene ehemalige Mitarbeiter zu besuchen.

Und nun hatte er es sich an seinem 90. Geburtstag vorgenommen, noch ein letztes Mal das Haus in der Beiertheimer Allee zu besuchen, die Villa Eicheneck, wo er seine Kindheit verbracht hatte. Ich erfuhr es nur durch Zufall und bat, ihn auf der Suche nach der verlorenen Zeit begleiten zu dürfen.

Als Kind hatte ich mich immer vor dem streng dreinblickenden Onkel gefürchtet, dem „bösen Wolf", wie er sich selbst nannte. Aber mit zunehmendem Alter bewunderte und schätzte ich ihn, weil er immer zur Stelle war, wenn Hilfe gebraucht wurde.

Und jetzt am Morgen nach seiner Geburtstagsfeier stand ich mit Onkel Dieter vor dem Haus Ecke Beiertheimer Allee 42 und Kantstraße. Wie oft hatte ich vergeblich versucht, einen Blick hinter die hohen Mauern der mächtigen alten Villa zu werfen, in der mein Onkel seine Kindheit verbracht hatte. Vom gegenüberliegenden Spielplatz im Beiertheimer Wäldle, wo meine Kinder im Sandkasten buddelten, hatte ich hinübergeblickt zu dem prachtvollen Jugendstilhaus mit den herrschaftlichen Terrassen und dem großen Park.

Eine Villa, die bewacht wird von einem Naturdenkmal, einer uralten mächtigen Eiche, die schon bevor Karlsruhe gegründet wurde, hier ihre Wurzeln in die Erde gegraben hatte. Architekt Vitalli hatte im Auftrag von Professor Hugo Starck, dem Vater meines Onkels, ein herrschaftliches Wohnhaus gebaut und ihr den Namen „Villa Eicheneck" verliehen.

„Truppengericht" steht an dem Haus, vor dem die schwarz-rot-goldene Fahne aufgezogen ist. Vor dem Krieg, so erzählt mir mein Onkel, traf sich hier die Karlsruher Prominenz. Die Konzerte, zu denen der Hausherr Professor Hugo Starck einlud, waren weit über Karlsruhe hinaus bekannt. Im holzgetäfelten Musiksalon des Professors spielten die berühmtesten Künstler ihrer Zeit. Hier in der Villa Eicheneck fand die Verlobung meiner Tante Annele, der jüngsten Schwester meiner Mutter, mit Dietrich Starck statt. Walter Born, Kapellmeister des Badischen Staatstheaters, saß am Klavier und spielte Wagners Hochzeitsmarsch. So hatte es mir meine Mutter erzählt.

Ja, das Haus, das sich der damals in der medizinischen Welt so berühmte Speiseröhrenkrebs-Spezialist Hugo Starck 1913 für 250.000 Goldmark vom Architekten Vitalli hatte bauen lassen, war ein Treffpunkt der High Society in den Zwanzigerjahren, wo Künstler und Gelehrte ein und aus gingen. Der Vater meines Onkels hat hier die berühmte „Starck'sche Sonde" erfunden, mit deren Hilfe man die Krebskranken künstlich ernähren konnte.

Die Musik und das Kinderlachen, die einst die Villa belebten, sind verstummt und als ich in Begleitung meines neunzigjährigen Onkels das Haus seiner Kindheit nach so vielen Jahren betrete, darf ich einen Blick in eine längst vergangene Zeit werfen. Ein Stück Karlsruher Geschichte wird lebendig, als mein Onkel den Mitarbeitern vom Gruppengericht der Bundeswehr die Geschichte der Villa Eicheneck erzählt.

„Hier hing die Hundepeitsche meines Vaters", sagt der alte Herr und deutet auf die leere Wand rechts vom Eingang. Noch vor ein paar Minuten hatte ich befürchtet, dass der alte Mann aufgewühlt von der Begegnung mit der Vergangenheit

Der Patriarch Professor Hugo Starck, Arzt und Pionier auf dem Gebiet des Speiseröhren-Krebses, inmitten seiner zahlreichen Enkel.

und seinen Kindheitserinnerungen in Tränen ausbrechen würde. Er aber bleibt ruhig und beherrscht und ich ahne, dass er aus einem anderen Holz als ich geschnitzt ist. „Die Starcks", hatte Mutter einmal gesagt, „der Name ist Programm."

Während der Hausherr, der Vizepräsident des Truppendienstgerichtes, begleitet von zwei juristischen Mitarbeitern uns vom Keller bis hoch ins unbewohnte Dachgeschoss führt, erweckt Dieter Starck noch einmal die Geschichte der alten Villa zu neuem Leben.

Im Erdgeschoss das mit Eichenholz getäfelte Arbeitszimmer seines Vaters. „Hier mussten wir antreten, wenn wir etwas angestellt hatten. Hier standen wir vier Kinder aufgereiht wie die Orgelpfeifen. Ich, der Älteste, meine Schwester Waltraud, Gerhard, der wie der Vater Arzt wurde und vor Stalingrad fiel, und meine jüngste Schwester Gudi. Sobald die kleine Gudi Vaters Peitsche sah, schrie sie wie am Spieß. Bis zum

Karlstor konnte man es hören und die Leute dachten, dass irgendwo ein Schwein abgestochen wird."

Hier, wo heute im Goldrahmen das Bild eines Generals aus dem 19. Jahrhundert hängt, werden immer noch Urteile verkündet und Strafen verhängt. Strafen für alle, die sich nicht an die Spielregeln und Gesetze halten.

Im Raum nebenan empfing Hugo Starck, Direktor der Städtischen Krankenanstalten, seine Patienten aus aller Welt. „Immer nur drei", erinnert sich der Sohn. „Zwanzig Mark kostete eine solche Untersuchung und Vater widmete sich jedem Patienten eine ganze Stunde."

Während mein Onkel, geführt vom Hausherrn, den alten Musiksalon betritt, taucht „Opa Starck", wie wir ihn als Kinder nannten, vor mir auf. Plötzlich bin ich wieder das kleine Mädchen, das gemeinsam mit seiner Cousine Birgit in der Weihnachtszeit Opa Starck einen Besuch abstattet. Er war inzwischen umgezogen in eine Villa in der Südendstraße Nr. 4.

Im Garten begrüßt uns die mächtige Bronzefigur eines griechischen Jünglings und im dunkel getäfelten Haus ist über mehrere Räume hinweg die schönste Weihnachtskrippe aufgebaut mit Springbrunnen und Schwänen, die auf einem blauschimmernden Wasserlauf ihre Bahnen ziehen und mit Hirten, die zur wunderbaren Grotte eilen, umgeben von unzähligen Schafen, posaunenden Engeln und flackernden Lichtlein.

Und irgendwo dazwischen der vornehme alte Herr mit grauem Spitzbart und einem Ebenholzstock mit silbernem Knauf, den später im Alter meine Mutter benutzte. Opa Starck in einem noblen Hausmantel auf seinem Ledersofa, eine dicke Zigarre rauchend. Ich hatte immer ein wenig Angst vor ihm und wartete schon auf die bekannte Frage, die er mir bei jedem Besuch stellte. Ob ich schon Latein verstehe, wollte er wissen und nannte einen Satz mit „asinus". „Ich bin ein Esel", heißt das, sagte er lachend. „Wiederhole!"

Und ich glaubte, dass der Opa Starck mich für einen Esel hielt und war froh, dass er nicht mein richtiger Opa war, sondern nur der Großvater meiner Cousine Birgit.

Unser gemeinsamer Großvater war der Opa Matt. Er wohnte in der Karlstraße 138 und Birgit und ich liebten ihn, weil er uns nicht mit lateinischen Sprichwörtern plagte und uns immer etwas zusteckte und nicht so geizig war wie der vornehme Opa Starck.

Wie heimelig war es in Oma Matts Küche, wenn der Opa das Herdfeuer schürte. „Ihr bleibt doch zum Essen oder vielleicht zum Vesper? Vorher dürft ihr nicht gehen", sagte Oma Matt, die tagsüber immer eine Kittelschürze trug. Dampfnudeln gab es und Weincreme, Flädlesupp mit einem Schuss Weißwein und einen butterweichen, goldgelben Hefezopf aus Omas Backofen. Und ich höre noch wie Oma sagt: „Das Süpple weckt Tote auf, da sind zwei Eier drin!" Hier holten wir Cousinen uns die Wärme und Zuwendung, die Kinder zum Erwachsenwerden brauchen.

„Manchmal hat mich Opa Starck als Kind Nierenschälchen halten lassen, in die seine Patienten, an Schläuchen würgend, eine undefinierbare Flüssigkeit spuckten", erzählte die Cousine. „Ja, was für eine Ehre, ich durfte auch den lebendigen Aschenbecher spielen. Eine Mutprobe für mich kleines Mädchen, denn die glühende Asche von Opas Zigarre fiel in meine geöffnete Hand, ohne dass ich mit der Wimper zucken durfte. Nur so erhielt ich den heiß ersehnten Pfennig", erinnert sich Birgit.

Ja, berühmt war er, dieser Hugo Starck, berühmt und geizig, wie wir Kinder sagten. Sogar eine Straße wurde später in Karlsruhe nach ihm benannt, weil er so vielen Speiseröhrenkranken aus aller Welt helfen konnte. „Bedürftige hat er sogar umsonst behandelt", erinnert sich sein Sohn Dietrich, aber woher sollten wir Kinder das wissen?

1907 hat er den „Starck'schen Dilator" erfunden, der noch heute bei Speiseröhrenspasmen eingesetzt wird. Dann erzählt Dietrich Starck eine Geschichte aus dem Jahre 1943, als sein Vater wegen Spionageverdacht von der Gestapo ins Parteibüro in der Bahnhofstraße einbestellt wurde. „Warum kommen so viele Patienten aus Feindesländern nach Karlsruhe in ihre Praxis, Herr Professor? Warum fahren Sie nicht nach Berlin?" „Weil diese Behandlungsart in Berlin keiner meiner Kollegen beherrscht." „Auch nicht Professor Sauerbruch?" „Auch der nicht", sagte Hugo Starck und wurde nie mehr von der Gestapo belästigt.

Jetzt betreten wir das Allerheiligste der alten Villa, den ehemaligen Musiksalon. Was ist geblieben von der alten Pracht der stoffbespannten Wände, den hellen Parkettböden und den kostbaren Gemälden des Kunstsammlers Hugo Starck? Mein Blick fällt auf den alten Fußboden mit einer Intarsienblüte. Das Meisterstück eines Karlsruher Handwerkers.

Dieter Starck deutet auf die große Terrasse. „Hier saß mein Onkel Flick aus Ägypten am Vorabend des Kriegsausbruches 1914 und behauptete, dass es wohl niemals zum Krieg kommen würde, weil die Weltwirtschaft viel zu sehr miteinander verflochten wäre." Ein Prophet war er wohl nicht, der Tabaklieferant des deutschen Kaisers. Dem kleinen Dietrich hatte er ein Schaukelpferd mitgebracht, dem Bruder einen Teddybären und den beiden Mädchen Puppen.

„Heute weiß niemand mehr, dass das prächtige, alte Haus ‚Villa Eicheneck' hieß", sagt Onkel Dieter zu dem Mann in der Uniform eines Bundeswehroffiziers. „Aber dort am Straßenrand steht die Namensgeberin, die prächtige alte Eiche. Auch der Jahrhundertsturm, Lothar, der am zweiten Weihnachtsfeiertag 1999 die Wälder heimsuchte, konnte sie nicht zu Fall bringen."

Wir kehren zurück in den Musiksalon, auf den der Musikliebhaber und Wagner-Verehrer Hugo Starck besonders stolz war. Hier im ovalen Salon spielte der Arzt Violoncello, hier musizierte das Wendling-Quartett aus Stuttgart, das Gewandhaus-Quartett aus Leipzig und berühmte Kapellmeister wie Abendroth, Ellmendorf, Mazerath und Keilberth waren hier zu Gast. „Und dort", sagt Onkel Dieter und bückt sich ein wenig, um einen Blick hinter den holzverkleideten Heizkörper zu werfen, „dort saß unsere Kreuzspinne. Wenn Vater auf seinem Cello übte, kam sie hervor und blieb ruhig sitzen und hörte ihm zu. Wenn er wieder aufhörte zu spielen, kroch sie zurück."

Beim Aufstieg in die Beletage wirft der alte Herr einen Blick auf das angrenzende Nachbarhaus. „Schauen Sie, hier hat der berühmte Keilberth gewohnt, aber sonst gab es hier nur Wiesen."

Wir steigen hinab in den Luftschutzkeller. Zum „Landsknecht" steht da an einer Tür, die zum Partykeller der späteren Hausbewohner führt. Die Wände sind bemalt mit badischen Stadtansichten. Überall bröckelt der Verputz.

Überall entdeckt der Onkel in der alten Villa die Spuren seiner Kindheit, aber kein Wort der Wehmut und des Bedauerns kommt über seine Lippen.

Wenig ist geblieben von der alten Ausstattung. Die Jugendstiltüren, das schmiedeeiserne Geländer der Terrasse, von der aus man das Schlafzimmer seiner Eltern betreten konnte, die Fenster, die im Boudoir seiner Mutter den Blick zur Beiertheimer Allee hin freigaben. Zur Hofseite hin ein Balkon, auf dem der Hausherr bei schönem Wetter sein Frühstück einnahm und daneben das Taubenhaus, wo über vierzig Tauben ein- und ausflogen. Ein riesiger Garten mit der Erinnerung an heitere Tage, wo bis zu 250 Menschen bewirtet wurden. Inzwischen hat eine riesige gläserne Villa einen großen Teil des alten Parks verschluckt. Niemand käme mehr auf den Gedanken, hier Obst und Gemüse anzubauen oder in dem kleinen Pavillon mit dem Kupferdach den Wolken nachzuträumen.

„Damals hatten wir fünf Bedienstete", sagt der Onkel. „Das war nicht viel", höre ich Mutter sagen. Meine Mutter war Oma Starcks Vertraute, die sie tröstete, wenn sie über ihren „weltläufigen" Ehemann klagte. „Hedwig, du bist selbst daran schuld, wenn dein Hugo nach anderen Frauen schaut. Bist du vielleicht sein Dienstmädchen? Den ganzen Tag läufst du in deiner Kittelschürze herum, kommst nicht aus der Küche und deine schönen Kleider und Pelzmäntel hängen nur im Schrank herum."

Ja, der Herr Professor war ein Mann von Welt, der schöne Hugo, der die Frauen liebte. In seinem Haus verkehrten berühmte Persönlichkeiten. Wenn der große Richard Strauss nach Karlsruhe kam, um der Aufführung seines „Rosenkavaliers" beizuwohnen, da ließ der Oberbürgermeister den Herrn Professor Starck ins „Schloss-Hotel" zum Skatspiel bitten. Der Komponist war ein leidenschaftlicher Skatspieler, der auch noch während des Umziehens im Frack weiterspielte. Ein Mensch, der Hugo Starck, wie sein Sohn sich erinnert, zu der Bemerkung veranlasste: „Ich kann gar nicht verstehen, dass dieser langweilige Kerl so spritzige Opern wie ‚Arabella' oder den ‚Rosenkavalier' geschrieben hat."

1940, als ich geboren wurde, verkauften die Starcks die Villa, um sich dafür zwei weniger aufwendige Häuser zu erwerben. Das Mietshaus in der Karlstraße 138, wo später meine Großeltern und meine Schwester Carla mit Familie einzogen, und die Villa in der Südendstraße 4, die mich als Kind in Staunen versetzte, weil es hier im Garten ein Schwimmbad gab und einen schwarzen Bronzejüngling auf einem hellen Marmorsockel. Hier ließ Mutter uns vier Kinder fotografieren und schickte das Bild mit Feldpostbrief zu meinem Vater nach Russland.

Es war Krieg und Onkel Dieter hatte seinem Vater erklärt, dass er auf keinen Fall die Villa Eicheneck übernehmen könne. Als Angestellter der chemischen Industrie mit 280 Mark Monatsgehalt und drei kleinen Kindern übersteige das seine Mittel. Vielleicht würde eine Bombe die Villa treffen und da sei man schon besser bedient, wenn man statt der aufwendigen Villa zwei andere Stadthäuser besaß.

So kam es, dass der berühmt berüchtigte Gauleiter Robert Wagner in die prachtvolle Villa einzog, einem Haus, das wohl den passenden Rahmen für einen hohen Nazibonzen bot. Das Schicksal wollte es, dass er nach dem verlorenen Krieg zum Tode verurteilt wurde und seine Frau in ein Pariser Bordell verschleppt wurde, so jedenfalls erzählte es der Onkel.

„Eine traurige Geschichte", sagt er. „Ich hatte mehr Glück. Meine Familie und mich haben die Amis im letzten Augenblick, bevor die Russen in Bitterfeld einmarschierten, in einem verplombten Viehwaggon in den Westen geschleust."

Dann wendet sich der alte Herr den Männern von der Bundeswehr zu: „Danke meine Herrn, dass Sie es mir ermöglicht haben, noch einmal hierher, in das Haus meiner Kindheit, zurückzukehren. Er blickt auf die Uhr und sagt energisch: „Mein Gott, ich habe mich hier viel zu lange aufgehalten. Ich habe noch einen wichtigen Termin und komme ungern zu spät."

Ich berühre seinen Arm: „Darf ich dich noch ein Stück begleiten?" Sanft schüttelt er mich ab. „Ich bin in Eile", sagt er, „ein andermal vielleicht, danke, meine Liebe!" Eine Tür fällt ins Schloss. Dietrich Starck hat ohne Wehmut für immer Abschied genommen von dem alten Haus. Vorbei!

Ich kämpfe mit den Tränen an einem Ort, der mich nichts angeht und doch ein Teil meiner eigenen Geschichte ist und meiner Liebe zu Karlsruhe. Die alte Eiche vor dem Haus streckt mir ihre kahlen Äste entgegen und zeigt mir ihren verwundeten zusammengeflickten Stamm mit dem Schild „Naturdenkmal".

„Geh endlich", flüstert sie.

Ein Brief

Ettlingen, den 16. Juni 2014

Liebe Doris,

zum Thema „Karlsruher Häuser" schicke ich dir eine kleine Ergänzung: Mein nachhaltiges Eintreten für den Erhalt des Kaufhauses Karstadt mit seiner stadtbildprägenden Kaufhausarchitektur um die Wende zum 19. Jahrhundert führte zu einem Zerwürfnis mit dem damaligen Chef des Karlsruher Hauses, Herrn Arndt. Wir waren befreundet, mit gegenseitigen Einladungen auch familiär miteinander verbunden.

Der Abbruch des Gebäudes samt dem dann möglichen, fest geplanten, auch in den BNN schon vorgestellten Neubau hätte die Verkaufsfläche von 7.500 auf 15.000 qm gebracht, also verdoppelt. Mit der Folge einer enormen Wertsteigerung des Karlsruher Betriebs innerhalb des Konzerns und – natürlich – einer entsprechenden Gehaltsverbesserung für den Karlsruher Geschäftsführer. Als, auch Dank des Widerstands der Karlsruher Bevölkerung, dieses Vorhaben gescheitert war, erhielt der in der Karstadt-Zentrale offenbar sehr geschätzte Arndt den Auftrag, die Wiesbadener Filiale zu führen – mit 15.000 qm Verkaufsfläche. Arndt lud in seinem Haus in Neureut-Heide zu einem Abschiedsempfang ein. In seiner Rede erklärte er, wohl zur Verblüffung aller: „... dass ich hier aufhöre, daran ist allein Herr Werner schuld." Arndt ging, die denkmalgeschützte Kaufhausfassade war gerettet.

Herzliche Grüße, Josef Werner

Übrigens: Arndts Nachfolger, Georg Tippel, bedankte sich später nachdrücklich bei mir.

Wir danken für die freundliche Unterstützung:

So muss meine Bank sein.

Danke

Mein Dank gilt allen, die mir ihr Haus geöffnet und mir ihre Geschichte anvertraut haben. Ute Morasch und Reni Schneider danke ich für das aufmerksame Korrekturlesen meiner Geschichten. Was hätte ich ohne Andreas Muske, meinem Retter in PC-Nöten gemacht? Ihm danke ich besonders für seine Hilfe und auch Wolfgang Voigt. Klaus Schubert unterstützte mich bei der fotografischen Widergabe der Arbeiten des Künstlers Benno Huth. Trotz des Umzugs ihres Verlags hat mich Constanze Lindemann von Anfang an liebevoll auf meinem Weg der Veröffentlichung begleitet und ihre guten Ideen eingebracht. Finanziell unterstützt und ermutigt hat mich Philipp Schultheiss von der BBBank Karlsruhe. Auch Reiner Kuklinski von der Volkswohnung und vor allem mein Sohn Daniel Lott, Dalo IT-Galerie, der bereit war, dieses Buch in seinen Räumen vorzustellen, gilt mein Dank. Josef Werner hat mit seinen Vorschlägen großen Anteil an den „Karlsruher Häusergeschichten".

Lindemanns Bibliothek
Literatur und Kunst im Info Verlag
herausgegeben von Thomas Lindemann
Band 228

Mitarbeit: Kurt Fay
Fotonachweis: alle Fotos privat;
außer: Stadtarchiv S. 58, 60, 66, 68, 102;
BNN-Archiv, jodo S. 80;
Umschlagrückseite: Fabry
Das Titelfoto zeigt die Villa Hoepfner in der Jahnstraße
mit Leonore Hoepfner und ihrer Mutter.

www.infoverlag.de